人脑认知控制检测的
计算指标及其应用研究

于波 著

清华大学出版社
北京

内容简介

本书主要通过建立全面评价人脑认知控制能力的综合认知控制实验平台，采集实验者的认知控制脑电数据，利用数据处理方法，发现多通道进行认知控制的共性生物计算指标，从而分析各指标和认知控制过程的对应关系，挖掘认知控制的规律，并构建认知控制的相关模型。

本书提出基于认知控制的认知规律及认知控制模型，构造针对单次脑电试验进行认知控制特征提取的信号处理方法，利用新的特征提取方法所提取的特征形成样本空间分布信息，并将其融入模式分类方法，构造充分考虑单个样本的认知特性以及新的样本群体空间分布性的模式分类方法，能够实时、在线、准确地对单次试验的脑电数据进行识别。

本书对认知科学、计算机科学、智能科学和信息科学具有重要的理论意义和实用价值，可供认知心理科学家、计算机科学家、神经心理科学家以及对人脑科学感兴趣的读者阅读和参考。

本书封面贴有清华大学出版社防伪标签，无标签者不得销售。
版权所有，侵权必究。举报: 010-62782989，beiqinquan@tup.tsinghua.edu.cn。

图书在版编目(CIP)数据

人脑认知控制检测的计算指标及其应用研究/于波著.—北京：清华大学出版社，2022.8
ISBN 978-7-302-59852-7

Ⅰ.①人… Ⅱ.①于… Ⅲ.①认知心理学—研究 Ⅳ.①B842.1

中国版本图书馆 CIP 数据核字(2022)第 005947 号

责任编辑：郭　赛
封面设计：何凤霞
责任校对：韩天竹
责任印制：曹婉颖

出版发行：清华大学出版社
　　网　　址：http://www.tup.com.cn, http://www.wqbook.com
　　地　　址：北京清华大学学研大厦 A 座　　邮　编：100084
　　社 总 机：010-83470000　　邮　购：010-62786544
　　投稿与读者服务：010-62776969, c-service@tup.tsinghua.edu.cn
　　质量反馈：010-62772015, zhiliang@tup.tsinghua.edu.cn
　　课件下载：http://www.tup.com.cn, 010-83470236
印 装 者：小森印刷霸州有限公司
经　　销：全国新华书店
开　　本：170mm×230mm　　印　张：9　　字　数：164 千字
版　　次：2022 年 8 月第 1 版　　印　次：2022 年 8 月第 1 次印刷
定　　价：45.00 元

产品编号：079597-01

前　　言

认知控制是指人们执行任务中面对干扰或冲突时选择任务相关信息的加工、抑制不相关信息的加工，从而灵活地完成当前任务的能力。认知控制是人类大脑非常重要的一种执行能力，它与脑部疾病、情绪疾病、精神疲惫的发生密切相关。

目前人脑认知控制的研究存在的主要问题有：认知控制实验范式类别不足、认知控制机制与模型不清晰以及认知控制能力相关计算指标存在缺陷，缺少实时认知控制检测识别方法，从而导致缺少认知控制能力评价的方法。本书主要的研究目的是建立认知控制评测实验系统，通过采集实验者进行认知控制任务时产生的脑电数据，研究和探索人脑认知控制的认知规律及相应机制，进而提出认知控制能力评价相关的生物计算指标，并基于认知控制的认知规律和生物计算指标提出从单次实验脑电数据中提取认知控制相关的特征。最后，根据样本特征空间的分布信息构建认知控制的模式分类方法，提高认知控制脑电的检测识别率。本书针对人脑认知控制计算指标及其检测识别方法等相关问题和挑战进行了深入的研究。

笔者基于以往的研究成果[1](对应本书第 1 章)、[2](对应本书第 2 章)、[3-4](对应本书第 3 章)、[5-6](对应本书第 4 章)、[7-8](对应本书第 5 章)，对人脑认知控制生物计算指标及其检测识别方法研究领域中存在的若干问题进行了讨论。

笔者在以往的研究过程中，得到了国内外很多同行专家的支持和鼓励，他们热情无私地提供了很多资源，并提出了很多宝贵意见，在此一并表示衷心的感谢！感谢黑龙江省自然科学基金（编号 F2017014）的支持。因笔者水平所限，本书难免有不足之处，恳请读者不吝赐教，来信请发至：yubo@hrbust.edu.cn。

于 波

2022 年 5 月

目 录

第 1 章 人脑认知控制相关研究······1
1.1 研究背景及意义······1
1.1.1 研究背景······1
1.1.2 研究意义······4
1.2 国内外研究现状······8
1.2.1 认知控制检测实验范式······8
1.2.2 认知控制行为学计算指标······12
1.2.3 认知控制相关神经脑区计算指标······13
1.2.4 认知控制脑电信号计算指标······17
1.3 当前研究面临的问题与挑战······23
1.3.1 认知控制实验范式设计不足······23
1.3.2 认知控制计算指标方法缺陷······23
1.3.3 人脑认知控制机制及模型不清楚······25
1.3.4 缺少实时认知控制识别应用研究······27
1.4 本书主要研究工作及组织结构安排······27
1.4.1 本书主要研究工作······27
1.4.2 本书组织结构安排······29

第 2 章 非注意状态下情感信息认知控制的计算指标及工作机制研究······31
2.1 引言······31
2.1.1 非注意听觉信息认知控制的计算指标······31
2.1.2 非注意视觉信息认知控制的计算指标······33
2.1.3 非注意情感信息认知控制的计算指标······34
2.1.4 当前研究存在的问题及本章主要研究内容······36
2.2 UAEI 认知控制检测的计算指标研究方法······36
2.2.1 UAEI 认知控制检测系统框架······36
2.2.2 设计 UAEI 认知控制的实验范式······37

2.2.3　脑电数据采集……………………………………………40
　　　2.2.4　自适应脑电数据的预处理………………………………40
　　　2.2.5　解调各频段脑波振荡……………………………………42
　　　2.2.6　非注意状态下情感信息的事件相关去同步化和同步化的
　　　　　　UAEI-ERD 计算方法…………………………………45
　　　2.2.7　振荡的 UAEI-ERD 指标统计分析方法…………………45
　2.3　实验结果及分析………………………………………………47
　　　2.3.1　δ 振荡的 UAEI-ERD 计算指标………………………48
　　　2.3.2　θ 振荡的 UAEI-ERD 计算指标………………………51
　　　2.3.3　$\alpha1$ 振荡的 UAEI-ERD 计算指标……………………53
　　　2.3.4　$\alpha2$ 振荡的 UAEI-ERD 计算指标……………………53
　　　2.3.5　$\beta1$ 振荡的 UAEI-ERD 计算指标……………………56
　　　2.3.6　$\beta2$ 振荡的 UAEI-ERD 计算指标……………………58
　2.4　UAEI 的认知控制的工作机制………………………………59
　　　2.4.1　δ 振荡参与表情内容的初始更新……………………60
　　　2.4.2　θ 振荡参与刺激类型的识别…………………………61
　　　2.4.3　α 振荡参与工作记忆…………………………………61
　　　2.4.4　β 振荡参与面孔表情的自动识别加工………………62
　2.5　本章小结………………………………………………………62

第 3 章　注意状态下听觉认知控制的计算指标及工作机制研究………65
　3.1　引言……………………………………………………………65
　　　3.1.1　注意条件下认知控制实验范式……………………………65
　　　3.1.2　注意条件下认知控制的计算指标…………………………66
　　　3.1.3　注意条件下认知控制的工作机制…………………………67
　　　3.1.4　当前研究存在的问题及本章主要研究内容………………68
　3.2　AACI 认知控制检测的计算指标研究方法…………………69
　　　3.2.1　AACI 认知控制检测系统框架……………………………69
　　　3.2.2　设计 AACI 认知控制的实验范式…………………………70
　　　3.2.3　EEG 数据采集………………………………………………72
　　　3.2.4　脑电数据处理方法…………………………………………73
　　　3.2.5　计算 AACI-ERP 指标方法…………………………………73

        3.2.6 计算 AACI 认知控制相关的计算指标 ·················· 75
        3.2.7 ACCI 认知控制相关计算指标统计方法 ··············· 77
    3.3 实验结果及分析 ·· 78
        3.3.1 行为学计算指标 ·· 78
        3.3.2 AACI-ERP 计算指标 ··· 78
        3.3.3 AACI 认知控制相关的计算指标 ··························· 83
        3.3.4 脑电位活动映射 ·· 86
        3.3.5 实验结果比较 ··· 86
        3.3.6 AACI-ERP 计算指标的统计结果及分析 ················· 88
    3.4 AACI 认知控制的工作机制 ·· 90
        3.4.1 感知计算指标：SCI($\Delta AEP1, \Delta AEN1, \Delta AEP2$) ········· 90
        3.4.2 确认计算指标：ICI($\Delta AEN2, \Delta AEP3$) ················ 91
        3.4.3 执行计算指标：ECI($\Delta AELate\text{-}SW1, \Delta AELate\text{-}SW2$)
              ··· 92
        3.4.4 听觉认知控制模型 ·· 93
    3.5 本章小结 ··· 94

第 4 章 基于单次实验脑电信号的认知控制特征的提取方法 ·············· **97**
    4.1 引言 ·· 97
    4.2 听觉认知控制缺失症及其检测实验平台设计 ············· 100
        4.2.1 听觉认知控制缺失症 ··· 100
        4.2.2 听觉认知控制检测实验平台的设计 ···················· 101
        4.2.3 实验数据采集方法 ·· 102
    4.3 听觉认知控制检测方法 ·· 103
        4.3.1 听觉认知控制检测系统模型框架 ························ 103
        4.3.2 脑电实验数据的预处理方法 ······························· 104
        4.3.3 事件相关电位处理方法 ······································ 105
        4.3.4 统计分析 ··· 106
        4.3.5 基于单次实验脑电信号的认知控制特征的提取方法 ········ 107
        4.3.6 听觉认知控制脑电的检测识别方法 ···················· 108
    4.4 自动听觉认知控制检测相关实验结果及分析 ············· 109
        4.4.1 听觉认知控制的行为学 ······································ 109

4.4.2　听觉认知控制脑电的时域认知规律·················109
　　4.4.3　基于不同特征听觉认知控制识别·················112
　　4.4.4　基于不同听觉脑电时间段作特征听觉认知控制识别·····112
4.5　基于认知规律的听觉认知控制的自动检测识别应用···········113
　　4.5.1　听觉认知控制的规律及模型·····················113
　　4.5.2　基于单次认知脑电的认知控制检测识别应用········115
　　4.5.3　听觉认知控制率·······························115
4.6　本章小结··116

第 5 章　基于样本特征空间分布信息的认知控制模式分类方法研究·······117
5.1　引言··117
5.2　经典模式分类方法检测认知脑电信号存在的问题·············118
　　5.2.1　支持向量机模型·······························118
　　5.2.2　SVM 的倾向性问题·····························120
5.3　基于样本特征空间分布信息的新分类器····················123
　　5.3.1　基于支持向量的欧氏平方距离及样本数量分布信息的分类器
　　　　　···123
　　5.3.2　基于支持向量的欧氏距离及样本数量分布信息的分类器···123
　　5.3.3　基于全部样本的欧氏距离及样本数量分布信息的分类器···124
5.4　实验结果及分析·······································125
　　5.4.1　公开数据集···································125
　　5.4.2　认知控制脑电数据集实验结果···················127
5.5　本章小结··129

第 6 章　总结··131

参考文献··135

第 1 章 人脑认知控制相关研究

1.1 研究背景及意义

1.1.1 研究背景

三次科技革命（农业革命、工业革命、信息革命）让人类征服了物质世界，每一次科技革命都给我们的生活带来翻天覆地的变化。人类历史的下一次科技革命将会是什么主题？神经科技工业组织（Neurotechnology Industry Organization，NIO）的创立者和领导者扎克·林奇（Zack Lynch）在他的著作《第四次革命：看神经科技如何改变我们的未来》[9]中认为是意识领域的革命——神经革命。以牛拉犁为代表的农业革命给我们带来丰富的食物，以蒸汽机为代表的工业革命给我们带来充裕的商品，以计算机、网络为代表的信息革命给我们带来畅通的交流，以神经技术为代表的神经革命将给我们带来无限的幻想和实现幻想的无限可能，如图 1.1 所示。届时，人类将极大地开发大脑潜能，最大限度地利用对大脑的认识改造世界。唯有经历这四次科技革命，人类才能完整地书写历史。

图 1.1 人类历史上的"四次重大的科技革命"

生物集成芯片与大脑成像技术的加速发展催生出种种功能各异的神经技术。神经技术，指任何能理解人类大脑的意识活动、工作过程以及改善和修复大脑功能的手段与工具。未来的神经技术最终想要解决的问题是读懂人的大脑到底在想什么。越来越多的科学家开始关注神经科技，主要使用脑功能成像技术研究大脑，如：功能性核磁共振成像技术 (functional Magnetic Resonance Imaging, fMRI, 如图 1.2 所示)、正电子发射计算机断层扫描技术 (Positron Emission Computed Tomography, PET, 如图 1.3 所示)、脑电图技术 (Electroencephalograph, EEG, 如图 1.4 所示)、脑磁图技术 (Magnetoencephalography, MEG, 如图 1.5 所示) 等。

图 1.2 功能性核磁共振成像技术

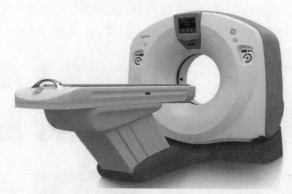

图 1.3 正电子发射计算机断层扫描技术

随着神经技术的发展，各个科研强国也启动了探索"大脑如何工作"的计划。2013 年，时任美国总统奥巴马宣布将投资 1 亿美元启动研究人脑活动图

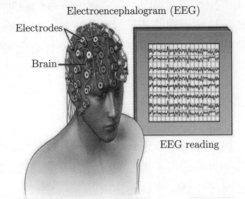

图 1.4 脑电图技术

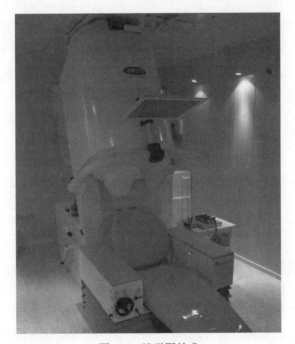

图 1.5 脑磁图技术

工程计划——使用先进革新型神经技术的人脑研究（Brain Research through Advancing Innovative Neurotechnologies，BRAIN）。同年，欧盟和日本也分别启动欧洲脑计划（The Human Brain Project）以及日本脑计划（Brain Project）。2016 年 8 月 8 日国务院颁发《"十三五"国家科技创新规划》，将"脑科学与类脑研究"列为"科技创新 2030-重大项目"，并提出抢占脑科学前沿研究制高点。同年我国发布了"中国脑计划",即"脑科学与类脑研究"国家重大科技专项,侧重以探索大脑认知原理的基础研究为主体,以发展类脑人工智能的计算技术和器件及研发脑重大疾病的诊断干预手段及社会化相关行业领域为应用导向。

1.1.2 研究意义

人们在执行信息加工任务时难免会遇到各种各样的干扰信息,人们需要将注意力放在与当前任务相关的信息上,同时忽略或抑制与任务无关的信息。在这个过程中,认知控制起着至关重要的作用。

1. 认知控制

认知控制是指人们执行任务过程中,面对干扰或冲突时,通过促进与选择任务相关信息(刺激、行为等)的加工,同时抑制不相关信息(想法等)的加工,从而灵活地完成当前任务的能力,它是人脑完成认知活动所必需的高级认知功能,是注意、工作记忆、抑制、信息加工与评价等多种认知过程的基础和重要参与者。Botvinick 在其关于冲突监测和认知控制的综述中指出,认知控制是指人的认知系统在特定任务中为了更好地完成任务而进行感知选择(perceptual selection)、反应偏向(response biasing)和对信息的保持(on-line maintenance of contextual information)的自我调控或者适应过程[10]。这些过程涉及感知觉加工、选择性注意、工作记忆以及执行控制等功能。

人们在面对复杂多变的情境时,需要能够及时地把行为与当前的情境和目标联系起来。认知控制过程通过选择与情境相关的知觉、记忆、反应表征或加工通路使这种灵活的行为成为可能。认知控制是我们人类大脑非常重要的一种执行能力。认知控制能力和我们的生活是息息相关的。例如:当你穿过十字路口或者在课堂上学习时,你必须对干扰信息做出有效的抑制;在嘈杂的研讨会上,你能够通过认知控制能力和别人进行交流;当你在驾驶汽车时,你需要调动视听觉的认知控制能力进行有效及时的操作。当在学习中的人被噪声所干扰时,认知控制功能会使大脑注意所学习的内容,这些被注意的信息在大脑中被流畅地加工,而噪声信息的加工则被抑制,这使得学习的效率得以保持在较高的水平。总之,认知控制是一种能够调控大脑资源对大脑的任务相关活动进行选择性集中处理的能力,当这一能力减弱时,会使人在任务执行的过程中出现错误、反应迟钝,从而导致破坏性事故的产生。

2. 认知控制相关研究的意义

对人脑认知控制的研究对于我们的生活、学习和工作等有着重要的意义。近年来有大量关于人脑认知控制的研究，与一些实际应用领域联系起来，取得了一系列成果。

（1）脑部疾病诊治

据有关数据表明，我国脑中风的发病率正以每年 8.7% 的速度上升，已成为我国国民第一位的死亡原因，而黑龙江省居全国发病率之首。通过认知控制相关生物指标和检测方法对认知控制功能进行评价，及时发现认知控制功能受损（脑中风、阿尔茨海默病等）的人群，采取治疗措施，防止症状加重，改善患者生活质量。如：研究[11]通过对无症状脑梗塞患者进行认知控制任务，发现其事件相关脑电位 P300 生物指标有显著性，可用于早期发现脑认知功能受损，防止病情恶化。Murie 和 Fernandez 提出了对于中风后的司机评测和恢复其驾驶能力的方法，其中就包括让他们完成认知控制相关的任务[12]。另外，Verdelho 等通过对 638 名老年人进行认知控制实验，发现年龄相关的脑白质病变与脑的认知执行功能、注意、反应速度下降有关[13]。

数据表明，我国现有癫痫患者 1000 万人，并且呈低龄化趋势。Chevalier 等发现有良性癫痫的小孩存在抑制控制的缺陷，反映了脑额叶功能的不良[14]。研究[15]发现相比于正常的实验者，脑顶叶癫痫的患者在认知控制任务中的反应潜伏期增长，同时脑电位 P300 的幅度减少，从而可以通过这两个指标评估脑顶叶癫痫患者的认知损伤。相关研究也通过认知控制任务评估癫痫病患者服用抗癫痫药物治疗后的认知功能情况，验证医药治疗手段的有效性[16-17]。

精神分裂症的认知损伤的一个关键部分就是认知控制的扰乱。Laurenson 等提出通过 Stroop 干扰指标解释精神分裂症患者的认知抑制缺陷[18]。研究[19]通过 fMRI 技术发现精神分裂症患者执行认知控制任务时 ACC 活动减少，说明 ACC 的病变是精神分裂症患者认知控制受损的主要原因之一。另外，Cho 等通过认知控制任务发现在健康被试的前额区，更多的认知控制需要使前额区诱发的 gamma 频段的活动增加，但对于精神分裂患者不存在[20]。

通过认知控制的研究，在手机移动端也有应用。Bajaj 等应用认知控制任务的范式开发了智能手机应用程序，可以有效地监控很难被诊断的轻微肝性脑病[21]。最近，Walton 等认为步态冻结的帕金森病患者在高认知负载的情况下对于自己犯的错误存在监控缺陷[22]。另外，David 通过对患有阿尔茨海默病（Alzheimer's disease，AD）的患者和年龄相当的健康实验者进行认知控制实验，发现 AD 患者存在认知控制的干扰效应，强调了感知控制的退化和处理的反应速度可以评测 AD 患者的选择注意[23]。

（2）情绪疾病防控

据世界卫生组织估计，中国情绪疾病的发病率占所有疾病发病率的 20%，高于世界平均发病率，中国抑郁症患者高达 7000 万人，处于临界抑郁状态的人数过亿。通过发现有情绪性疾病倾向的人群（恐惧症、抑郁症、焦虑症等），及时进行心理疏导干预。

相关研究通过 fMRI 技术发现有情绪性疾病的人群在执行认知控制实验任务时特有的生物神经指标。认知控制的能力即对无关的干扰能力进行有效控制的能力，而焦虑症患者不太容易对无关刺激进行抑制。如 Bishop 等采用 fMRI 技术，在对脑侧前额叶 (Lateral Prefrontal Cortex，LPFC) 和 ACC 的认知控制功能的分析基础上，发现焦虑水平更高的实验者同时表现出整体上前部 ACC(rostral Anterior Cingulate Cortex，rACC) 的激活，以及减少的背侧 PFC 的调用[24]。Krug 等也通过情绪认知控制实验发现，只有低焦虑的实验者表现 rACC 激活，而高焦虑的实验者表现出更高的杏仁体活动的激活以及和冲突活动相关的背侧前扣带回 (dorsal Anterior Cingulate Cortex，dACC) 的激活[25]。

研究[26] 利用情绪认知控制任务发现曾被烧伤的实验者对于烧伤相关的词的反应潜伏期长于中性或创伤词。研究[27] 利用情绪认知控制任务发现创伤患者对于创伤相关的词命名变慢，存在认知干扰效应。这些发现的认知控制效应的原因可能是经过烧伤或创伤的人由于当时产生了恐惧情绪，从而在海马体形成了较深刻的记忆。

研究[28] 发现抑郁症通常由脑注意控制和执行功能下降以及负性情绪增加导致。Ladouceur[29]、Dichter[30] 在认知控制任务中加入情绪信息，结果发现，抑郁个体的认知控制功能会因情绪背景的干扰而受到影响。研究[31] 也发现严重抑郁症患者对悲伤或中性词的命名反应时都比对照组长，同时，fMRI 发现抑郁患者的右楔前叶和左侧 rACC 显著激活[31]。廖成菊等提出抑郁症的产生是由于抑郁症患者情绪加工脑区过度激活与认知控制脑区功能降低之间的相互作用而形成的恶性循环所导致[32]。最近，研究[28] 提出抑郁症恢复患者通过互联网进行认知控制训练 (Cognitive Control Training，CCT) 可以激活脑前额的神经网络，增强脑认知和情感功能，有效地降低认知损伤和残余症状，促进抑郁患者的恢复。

Kocak 等通过认知控制实验范式研究强迫症患者的脑动态性，结果发现强迫症患者在需要认知控制的任务中没有脑右额顶区,从而导致强迫想法的侵扰[33]。

(3) 精神疲惫监测

国内外统计数据表明,有 20% 左右的交通事故是由疲惫驾驶引起的。认知控制是一种能够调控大脑资源对大脑的任务相关活动进行选择性集中处理的能力,人脑在精神疲惫状态下认知控制能力会下降。通过认知控制能力的实时监测,可以及时发现驾驶员由认知控制能力下降引起的精神疲劳状态,防止意外交通事故发生。Rauch 和 Schmitt 使用认知控制任务 (stroop) 发现连续运用认知控制能力会导致认知控制能力逐渐受损,表现为错误率和反应时间增加[34]。Lorist 等认为精神疲惫导致认知控制能力下降的原因是,没有足够的多巴胺递质传递给前扣带回(Anterior Cingulate Cortex,ACC)和纹状体[35]。郭孜政等通过事件相关电位(Event-Related Potential,ERP)的方法,发现连续作业的高铁司机的持续注意力会下降,主要原因是认知控制等高级认知能力的下降[36]。

Rauch 等使用认知控制任务发现连续运用认知控制能力会导致认知控制能力逐渐受损,表现为错误率和反应时间增加[14]。

(4) 戒瘾措施实施

酒精成瘾、药物成瘾近些年呈上升趋势。通过认知控制能力的评估,检测物质成瘾者在某些对其有干扰的刺激下的认知控制能力,采取相应的戒瘾措施,减少依赖。

Johnsen 等研究发现在 "Stroop 色-词干扰效应" 认知控制任务(命名颜色)中,酒精成瘾者对酒精相关的词(如白酒、喝醉等)的颜色命名时间要慢于中性词[37],原因在于,相比于中性词,酒精成瘾者对酒精相关的词自动化加工的程度更高,受干扰程度更大。Drobes 等也发现在情绪认知控制实验中,吸烟者的注意力和反应速度都下降,他们对与吸烟或负性情绪相关的词有注意倾向[38]。这种注意的倾向在大麻成瘾者中也存在[39]。

另外,Garavan 等发现通过可卡因依赖者的脑神经图像观察到其前额区(prefrontal)有缺陷,成瘾者对于药物相关的刺激注意倾向,抑制控制表现不足,同时,对自身行为的检测和评估能力也下降[40]。通过研究认知控制实验中吸毒者的行为学数据(反应时间和错误),Liao 等认为美沙酮的持续治疗(Methadone Maintenance Treatment,MMT)能提高海洛因成瘾者的认知控制,减轻其冒险行为[41]。

另外,认知控制能力的评估还在认知训练[17]、任务执行[18]、语言学习[19]、道德判断[20]等领域有重要应用。

（5）语言加工

Zied 等通过认知控制实验提出掌握两门语言能够增强抑制机制的效率[42]。Yow 等也提出经常使用双语可以有较好的认知控制表现（如抑制反应倾向和全局上下文切换）[43]。

（6）道德判断

Greene 等采用 fMRI 研究，得出道德判断中认知控制和情感过程都起着关键的作用，有时还存在相互竞争。研究结果表明，与认知控制和抽象推理（包括背侧 PFC 和 ACC）有关的脑区在解决困难的个人道德两难问题（功利主义违背个人道德）时受到激活[44]。

综上，认知控制在人脑的各种认知活动中是广泛存在的，相关的问题引起越来越多学者的广泛关注，已经在认知控制的理论研究成果取得进展，可以在精神疲劳检测、物质成瘾治疗、精神/神经/情绪疾病的诊治、癫痫诊治、道德判断、认知控制能力评估等方面进行应用。毋庸置疑，对人脑认知控制的脑电生物指标、行为学指标、神经机制、认知过程等的理论研究，进而实施人脑认知控制的计算，具有非常重要的意义。同时，本研究可以对人脑进行认知控制的机制有更深入的探索，对智能信息科学和认知科学等的发展都具有重要的理论意义和借鉴价值。

1.2 国内外研究现状

人脑认知控制的研究在认知科学中起到非常重要的作用，这方面获得了很多来自功能性神经影像、脑电图的新数据。文献 [45] 进行了综述。国内外对于脑认知控制能力的研究主要是先通过设计认知控制实验范式，获得实验者的相关数据（行为学、功能性神经影像、脑电图等），然后进行数据处理和统计分析，得到人脑认知控制检测的主要计算指标有行为学的响（反）应时间和错误率、脑功能性神经影像得到的脑激活区以及脑电信号的时域特征和频域特征结果，如图 1.6 所示。

1.2.1 认知控制检测实验范式

要对人脑的认知控制进行检测，首先要设计实验范式诱发认知控制，然后采集相关数据进行处理和分析，主要基于的原理都是任务无关信息对任

第 1 章 人脑认知控制相关研究

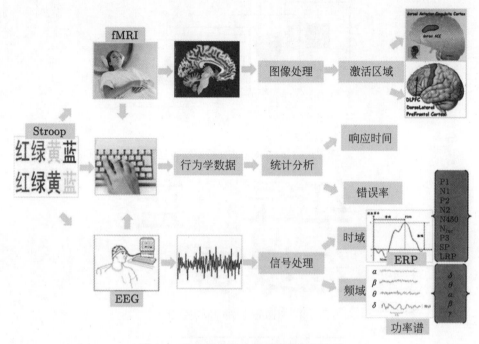

图 1.6 认知控制能力的研究和评测方法

务相关信息的一种干扰。目前研究人脑的认知控制能力的实验范式常用的有 Oddball(如图 1.7 所示)、Go/NoGo(如图 1.8 所示)、Stroop(如图 1.9 所示)、Simon(如图 1.10 所示) 和 Flanker(如图 1.11 所示)。Oddball 范式通常要求实验者在经常出现的标准刺激中确定不经常出现的目标刺激（偏差刺激）[46]。Go/NoGo 范式要求参与者对某种刺激做出反应（如按键-Go），同时对其他刺激进行抑制（如不按同样的键盘-No-go）[47]。Simon 范式主要是实验者反应方位和目标位置间的认知冲突，如果目标位置与反应方位不一致，实验者的反应

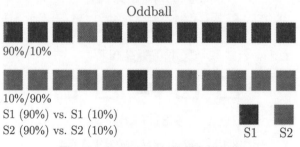

图 1.7 Oddball 认知控制实验范式

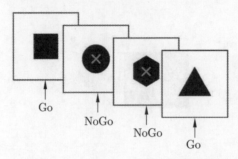

图 1.8 Go/NoGo 认知控制实验范式

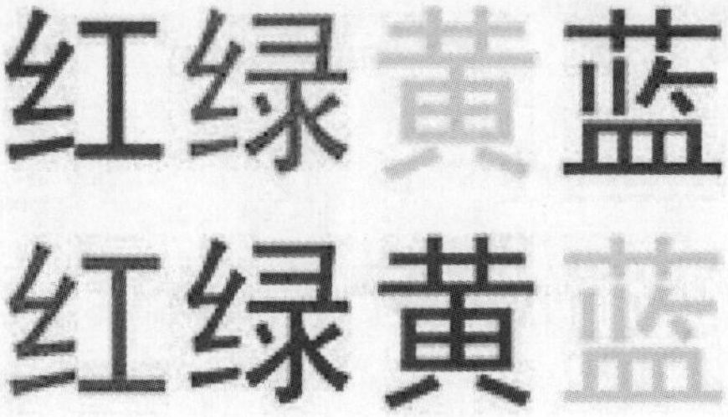

红绿黄蓝

红绿黄蓝

图 1.9 Stroop 认知控制实验范式

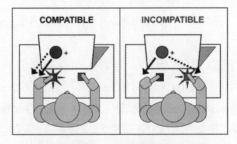

图 1.10 Simon 认知控制实验范式

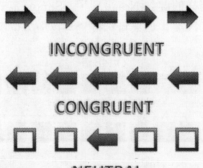

图 1.11 Flanker 认知控制实验范式

时间明显慢于一致情况[48]。Flanker 范式主要是实验者反应的中间刺激受两边刺激干扰的现象，如果中间刺激与两边刺激不一致，实验者的反应时间明显慢于一致情况[49]。Stroop 范式存在 Stroop 效应，原名"Stroop 色-词干扰效应"，Stroop 于 1935 年发现并指出，当给实验者呈现颜色词（具有颜色和词义两个维度）并令实验者对颜色命名，相比于颜色和词义一致情况（蓝色墨打印的"蓝"字），不一致情况（蓝色墨打印的"红"字）下实验者的判断反应时显著延长，准确率显著降低，这一干扰现象即 Stroop 色-词干扰效应[50]。其中，Oddball 和 Go/NoGo 侧重研究人脑认知控制的选择注意功能，Simon 和 Flanker 主要是从视觉通道研究人脑的认知控制。目前，在研究人脑的听觉、视觉、情绪等认知控制方面的能力时，主要使用认知控制实验范式 Stroop 采集相关数据并进行处理和分析。

对 Stroop 色-词干扰（简称 Stroop 效应）效应最被广泛接受的理论就是词义加工的自动化[51]。即实验者对于词义的加工的自动化程度要高于字的颜色，即便有意识地忽略字的词义，对字的颜色命名，也不可避免对字的词义加工，从而干扰对字的颜色命名。因此，在 Stroop 效应中，一般认为对字的颜色的加工是属于认知控制加工，需要实验者进行选择注意、抑制自动化加工程度更高的字的词义的干扰。

本质上，Stroop 效应是刺激的不同维度发生干扰的现象，此时需要人脑的认知控制抑制干扰，解决冲突。研究发现，情绪言语[52]、禁忌语[53]、空间感知[54]、形状辨认[55] 和数字认知[56] 等也存在 Stroop 效应。在过去的八十多年，Stroop 实验范式在精神疲惫[34]、物质成瘾[37]、精神病理疾病[18]、神经疾病（脑梗、中风等）[11]、精神疾病[27] 等癫痫[15]、语言加工[43] 等都有应用。根据统计 Stroop 当初发表的论文引用量已达 13,000 余篇，足见 Stroop 效应的研究热度经久不衰。同时在这广泛的研究中 Stroop 范式已经被推广发展成多种不同范式，听觉 Stroop 范式就是其中一个推广范式[57]。听觉 Stroop 效应是视觉 Stroop 效应实验在听觉通道的移植，采用在两个维度属性上一致或者不一致的语音材料作为刺激材料，被试接受刺激并进行判断任务，通过采集行为数据和脑电数据进行处理，以研究任务所产生的 Stroop 效应在听觉通道上的表现及其脑加工机制。Hamers 和 Lambert 在 1972 年[58]，Cohen 和 Martin 在 1975 年[59] 开始进行听觉 Stroop 效应的行为学实验研究，并得出听觉 Stroop 效应存在与视觉 Stroop 效应类似的干扰作用的结论：不一致的听觉刺激材料导致了反应时的延长，准确率也随着降低。听觉 Stroop 效应的研究同样对人脑信息加工和注意机制具有重要意义，但是目前对听觉 Stroop 效应的研究仍不足以很好地解释其形成机制。在 2012 年，Donohue 等在他们之前视觉 Stroop 效应工作的基础上进行了听觉 Stroop 效应实验，证明了冲突控制是跨模态的，听觉 Stroop 效应任务中的认知控制的时空特性和视觉类似[60]。北京师范大学心理学院发展所的李慧和陈英通过听觉 Stroop 效应认知控制实验范式得到结论，刺激的语义对刺激的性质的干扰作用显著高于刺激的性质对刺激的语义的干扰作用[61]。

1.2.2 认知控制行为学计算指标

人脑的认知控制的情况可以通过行为学数据的响应时间和错误率来评测。响应时间 (response time) 是反应时间（reaction time）和移动时间（movement time）的和，代表了实验者对刺激的总的响应时间，通常其单位为毫秒 (ms)。认知控制测试时的研究通常使用反应时间测量。反应时间是从感觉刺激开始出现到做出反应所经历的时间，如图 1.12 所示。在测量心理学里，反应时间被认为是人脑处理速度的指标。移动时间是从释放起始键 (HK) 到触按选择键 (CK)[62]。Dunbar 等通过标准的 Stroop 效应发现，在字义命名实验任务中，三组实验条件下，反应时间基本没有差异，而在以字体颜色命名的对应实验条件下有显著差异[63]。实验结果说明被试在字义命名时经历了很少的干扰。但在颜色命名时，对字义的处理是一个自动过程，难以抑制，将干扰关于字中其他维度信息的处理，如颜色。从行为学数据上分析，当字义和字体颜色不一致时，额外的处理过程来解决相关的认知冲突，因为需要选择合适的响应，抑制竞争的响应[64]。Liotti 等已经通过实验证明无论是通过口头还是手动的方式作出响应，Stroop 色-词干扰响应时间指标都是不一致色-词大于一致色-词[65]。

错误率为实验者在一次实验会话 (session) 中，错误做出判断的实验 (trial) 次数占实验总数的比例。实验者对于不一致刺激的正确反应相对于一致刺激会降低[51]，从而导致错误率升高。

根据不同刺激输入处理的相对速度和强度，计算模型已经被提出来解释上述所观察到的行为学模式[10]。在行为学研究中，研究者运用各种方法去梳理清楚潜在的冲突过程，包括控制刺激发生的时间间隔和刺激的位置[66-68]。这些研究都支持干扰效果来自于响应选择阶段的高阶冲突，而不是来自刺激不同的特征维度感知冲突[10,69]。

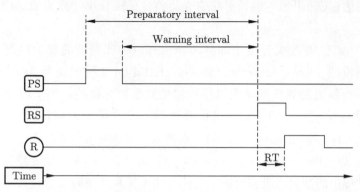

图 1.12 认知控制实验过程中反应时间的时间线 (PS: 预备刺激; RS: 反应刺激; R: 反响应)

近几年，大量研究[15,27,52-53,55]通过认知控制的行为学研究结果，利用响应时间和错误率等行为学计算指标评测人脑认知控制的情况。

1.2.3 认知控制相关神经脑区计算指标

参与认知控制的神经基础也被广泛地研究，由不同认知控制任务所引起的神经机制已经采用 fMRI 进行了许多深入的研究。研究结果揭示了在认知控制任务中，认知控制相关神经脑区生物计算指标激活程度的变化。

（1）前扣带回（Anterior Cingulate Cortex，ACC）：位于额叶表面的中部，与其他脑区（如前额叶、顶叶、运动区、杏仁体、下丘脑等）相连，可能参与认知控制各个阶段的过程。我们在认知控制任务中通常会发现 ACC 在任务中被激活（如图 1.13 所示）。大量研究[10,70-72]证明 ACC 的确参与认知控制，相比于低冲突刺激（一致、中性），高冲突刺激（不一致）有更大的 ACC 活动。

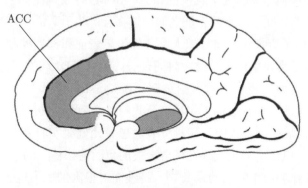

图 1.13 背侧前扣带回

相关神经影像研究[19,71]也显示在错误实验、正确且不一致实验 ACC 都存在激活。

关于 ACC 在冲突控制中如何起作用有两种代表性的理论模型。一种是错误监测模型（Error Detection Model，EDM），该模型认为 ACC 负责检测错误。基于脑电图该模型认为错误检测独立于冲突监控。当实验者在快速反应的、没有反应冲突的认知任务中按错键，会产生脑电指标-错误相关负波（Error-Related Negativity，ERN），它的来源被假定是 ACC[73]。另一种冲突监控模型（conflict monitoring model）则认为 ACC 的主要功能是负责监测信息处理过程中的冲突，当发现脑区之间互相干扰和冲突时，通过兴奋或抑制机制提示其他脑区完成认知控制。研究[10]认为冲突监控不是 ACC 的唯一功能，ACC 可能在更多方面监控认知控制的要求。

通过神经影像技术得到 ACC 活动情况（增强或减弱）指标，可以有许多应用，如：抑郁[31]、焦虑症[24-25]、精神分裂症[19]、强迫症[74]等。

（2）前额叶皮层（Prefrontal Cortex，PFC）：人脑的 PFC 已经被广泛认为对人脑的认知控制发挥关键作用。PFC 和认知控制相关的神经区域主要是背外侧前额叶皮层（Dorsolateral Prefrontal Cortex，DLPFC），如图 1.14 所示，它和其他许多脑区（如眼窝前额皮质、丘脑、基底节的部分区、海马、初级/刺激关联皮质、顶叶、颞叶等）相连接。在认知控制任务中通常 DLPFC 会被激活，负责分配注意资源，表征、保持以及更新当前任务的上下文信息（工作记忆），支持当前任务目标相关的信息处理[70]，同时，它抑制控制任务无关的信息的加工并选择倾向于任务相关的信息的处理[10,71-72]，从而解决冲突并调节选择合适的反应[75]。另外有研究[76]也发现在认知任务中不同实验切换过程中有更活跃的 DLPFC 活动。此外，也有一些研究认为 DLPFC 负责调节和监控 VLPFC(腹侧前额皮层) 表征的信息。Rowe 等发现空间表征和 DLPFC 的激活几乎没有关联，而不同表征之间的选择会产生显著的 DLPFC 活动[77]。

DLPFC 如果有损伤，将导致人脑任务信息表征和抑制控制功能减弱，行为学的表现就是错误率增高，反应时间延长。因此，DLPFC 在认知控制任务中的激活情况可以广泛应用到医疗诊断。Balderston 等发现相比于健康实验者，焦虑症患者的 DLPFC 的工作记忆负载相关的激活减少[78]。Choi 等发现在短/长潜伏期认知控制任务中，精神分裂症患者比健康实验者左侧 DLPFC 激活显著减少[79]。Tully 等也发现在任务无关的负面情绪信息的认知控制过程中，精神分类症患者 DLPFC 活动较低[80]。持续面对很大的压力也会导致 DLPFC

的损伤。Qin 等通过 fMRI 发现健康实验者在压力环境下会导致 DLPFC 的工作记忆活动明显减少[81]。

研究[82] 表明抑郁症也和 DLPFC 活动减少有关。药物滥用者、物质使用障碍者也和 DLPFC 的执行功能减弱有关系，研究发现药物滥用者的 DLPFC 的执行控制功能与 ACC、脑岛之间的连接减弱[83]。然而，在道德判断的过程中会出现 DLPFC 活动增加[84-85]。

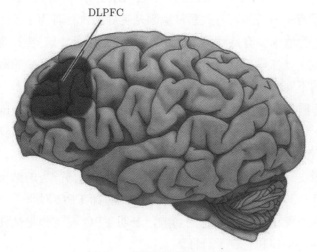

图 1.14　背外侧前额叶皮质

除了大量研究发现 ACC 和 DLPFC 参与认知控制过程之外，相关研究也发现其他脑区参与到认知控制。

（3）腹侧前额皮层（Ventrolateral Prefrontal Cortex，VLPFC）：运用各种认知任务，神经影响研究表明 VLPFC 是认知控制的关键脑区。Levy 等发现右侧 VLPFC 的子区在动作抑制过程中持续激活，但不是在反向重定向任务中。同时，在动作更新过程中有后部的 VLPFC 激活以及对于决策不确定时中部 VLPFC 的反应[86]。

研究[87] 综述了左侧 VLPFC 主要贡献是记忆的认知控制，提出了两阶段记忆控制模型：前部 VLPFC 支持控制访问存储的概念表征，而中部的 VLPFC 支持综合范围的选择过程，包括过去事件上下文信息的收集、解决工作记忆中的竞争。研究[88] 发现 VLPFC 倾向于在工作记忆的机械的表述中被激活，而 DLPFC 则倾向于在详细的表述中被激活。该研究进一步证明了 VLPFC 和 DLPFC 在时间域上有显著不同，即：DLPFC 的反应落后于 VLPFC 的反应。

(4）额叶眼眶面皮层（Orbito Frontal Cortex，OFC）：Ridderinkhof 等提出 OFC 进行合适的认知调节[89]。Wagner 等发现重度抑郁症患者在认知控制任务中 rACC 相对高激活是由于不能使这个区域活跃，这与 OFC 灰质的减少呈现出反比例关系[90]。

（5）辅助运动区前部（pre-Supplementary Motor Area, pre-SMA）：Mostofsky 等[91] 提出 pre-SMA 是选择适当的行为（包括选择实施合适的动作反应和选择抑制不合适的动作反应）的关键区域。Hilti 等[92] 认为 pre-SMA 可能和行为退步（反应时间增加）有关系，原因是良好的执行者为了监控行为表现的下降和调节行为输出会有持续的 pre-SMA 活动。另外，研究[93] 观察到在两种认知控制模式下（主动的控制或被动的控制）都有 pre-SMA 的激活，但是是在信息处理的不同时间。

（6）中部额叶皮层（Media Frontal Cortex，MFC）：Ridderinkhof 等提出 MFC 参与行为监控，评估当前状况，并检测行为错误或冲突反应倾向[89]。这里 MFC 从广义上讲可能包括于 ACC。

（7）额极皮层（Fronto Polar Cortex，FPC）：研究[94] 的结果显示认知控制功能也和 FPC 有关系。Braver 等发现左侧腹部 FPC 对于语义分类呈现激活状态，但是不受工作记忆要求的影响，表明 FPC 在工作记忆任务中根据需要有选择地参与监控和整合子目标。

相关研究还报道了其他脑区参与认知控制，如额下回交界区（Inferior Frontal Junction Area，IFJ）[95]、尾状核（caudate nucleus）[96]、丘脑下核（subthalamic nucleus）[97]、顶叶（parietal cortex）[98]、豆状核（putamen）[99]、杏仁体（amygdala）[100] 等。

综合上述神经科学的研究，人脑的认知控制功能应该是大脑多个皮层功能区协同整合作用的结果。Cole 等通过 fMRI 发现相互协作的脑区形成功能连接的认知控制网络（Cognitive Control Network，CCN）。CCN 的 6 个脑功能区包括 ACC/pre-SMA、DLPFC、IFJ、AIC(Anterior Insular Cortex，岛叶皮层前部)、dPMC(dorsal Pre-motor Cortex，背侧前运动皮层) 和 PPC(Posterior Parietal Cortex，后顶叶)[101]。Tang 等发现癫痫症患者在解决认知冲突任务时，观察到前额区的不同子区的活动：在 DLPFC 活动前，信号首先出现在 ACC，接下来是 MFC，然后是 OFC。该研究基于它们的动态性分离出前额区不同子区，表明了人脑皮层认知控制的时域架构[102]。

1.2.4 认知控制脑电信号计算指标

神经科学的研究发现，大脑认知活动的基础是神经元的放电活动，当一个神经元的突触后电位因为特定的状态而产生树突末段和细胞体之间的正负电位累积时，将产生一个电流偶极子。而由于大脑功能活动通常涉及的是大脑皮层中某区域的成千上万的神经细胞在同一时间的相似放电规律，其具有相似的垂直于头皮表层的排列规律，使得偶极子电位得以累加而非相互抵消。这一累积电位再通过大脑皮层、颅骨等头部组织的传导，进一步使得在头皮上测量其瞬时的电位变化成为可能。脑电（electroencephalogram，EEG）测量依赖于大脑中的神经细胞的特定的电活动及其排列方式，大脑头颅、头皮等生理结构的电传导能力，因此脑电的活动规律可以反映大脑的生理指标。此外，由于神经细胞的特定电活动在其他条件固定的情况下，可以由实验设置的单一变量的改变而诱发不同模式的电活动，因此通过脑电实验采集的脑电数据指标也可以表征人脑的相应大脑功能。由于脑电具有和大脑生理心理状态相关的特性，目前已经被广泛地应用到科学领域和临床应用中。

脑电认知控制实验技术，是指在特定的实验室环境中设置只有单一自变量的实验任务，以经过特殊设计的实验程序控制实现对参与实验的志愿者（下称"被试"）呈现经过筛选的一些特殊声音、图片、视频等刺激材料，并要求被试做出相应的行为反应，从而激发实验者的大脑认知活动，同时通过戴在实验者头皮上的 EEG 记录电极列阵，将大脑的细胞群的经诱发产生的，有一定规律的电活动数据作为实验的因变量记录下来，然后通过数字信号处理的方法从这些数据中提取出有用的信息来解释大脑活动同实验设计的因变量之间的对应关系，进而研究大脑的工作机制的一项实验技术（如图 1.15 所示）。通过 EEG 实验技术并获得 EEG 信号指标进行认知控制能力评价主要从时域特征和频域特征进行。

1. 认知控制时域 EEG 计算指标

EEG 时域信号计算指标比较直观也相对容易得到，包含脑认知状态信息。时域 EEG 特征处理方法通常将去除伪迹后的 EEG 信号在时域上的信息（幅度、峰值等）或将时域上的信号统计量（振幅差值、均值、标准差、偏斜度等）作为特征。

目前，对于认知控制进行研究和评价的 EEG 信号时域特征主要通过事件相关电位 (Evented Related Potentials, ERPs) 方法提取出相关脑电成分。

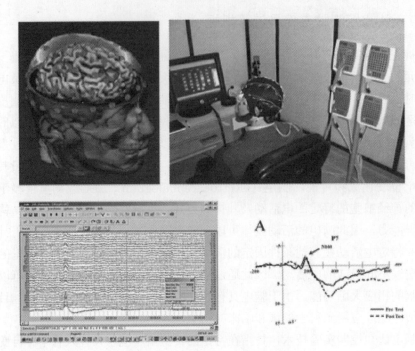

图 1.15　EEG 认知控制实验技术

ERPs 是外界刺激诱发的实时脑电波，具有潜伏期恒定和波形恒定的特点，时间精度为微秒级。由于 EEG 信号包含各种脑电成分，所以 ERP 需要进行提取，提取的基本原理如图 1.16 所示。ERP 指标可以和行为学指标配合，研究人脑认知过程的原理和机制。相关研究发现和认知控制相关的时域脑电计算指标可能有 P1、N1、P2、N2、N450/N_{inc}、P3、Late-SW(Late-Slow Wave, 晚期慢波)/SP(Slow Potential, 慢电位) 和 LRP(Lateralized Readiness Potential, 单侧化准备电位) 等，现有研究认为各成分的波幅变化、脑区分布及潜伏期受认知控制功能的执行所影响。

（1）P1：参与了认知控制过程早期的注意和感知过程。P1 指标通常被发现在认知任务信息处理的早期阶段，认知版本实验或情感版本实验都产生冲突效应相关的 P1。另外，Stock 等发现认知控制任务要求高时，认知控制阻止了额外潜在信息的有效的、自动的利用，自下向上的感知和注意选择过程（P1 和 N1）不受这点调制[103]。

（2）N1：研究[104] 提出枕区测量得到 N1 电位指标反映了视觉处理过程中持续的、潜在的注意。Bekker 等也观察到在呈现听觉"停止"信号之后出现

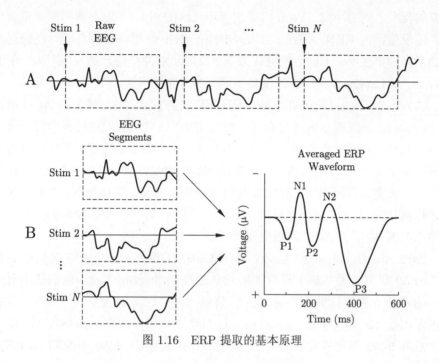

图 1.16 ERP 提取的基本原理

注意相关的 ERP 成分，即 N1，并且相对于不成功的"停止"实验，成功的"停止"实验有更大的 N1。这个结果验证感知注意对于认知抑制的贡献[105]。另外，Kehrer 等在视觉注意的认知控制任务中发现冲突条件引起顶枕区 N1 减小[106]。而对于注意力缺乏症患者来说，N1 是缺失的，表明了他们抑制能力以及对刺激探测能力的缺陷。此外，Kopp 等发现不考虑任务类别，相比于变换的事后提示，事前提示会引起 N1 幅度的增加[107]。Henkin 等认为听觉早期 ERP 成分 N1 作为冲突信息到达初级听觉皮层的信号参与到认知控制过程中[57]。因此，N1 主要参与认知控制过程的选择注意和刺激探测。

（3）P2：通常认为 P2 参与了认知控制的早期感知过程，为接下来的认知控制提供基础。Key 等[108]认为 P2 反映了选择注意和刺激评估。Pontifex 和 Hillman 的研究也表明 P2 的幅度是在线的、自上向下的认知控制激活的标志，训练可以增加 P2 的幅度[109]。另外，相关研究[110]认为 P2 参与了任务转换过程的认知控制，视觉空间注意的早期阶段[111]。

（4）N2：分布在前额区的 N2 负波是认知控制过程的重要指标，通常认为 N2 来自于 ACC[71]。有研究[112]认为 N2 和抑制控制相关联，而另外一些研究[113]则认为 N2 反映了更普遍的冲突监控过程，反映了准备的反应和当前需要的反应之间的冲突。Veen 等提出额中央区的 N2，在对正确的冲突实验反应之前发生，而 ERN（Error-Related Negativity，错误相关负波）在错误反应之后立即产生[71]。Chen 等也认为 N2 反映了对冲突信息的反应[114]。另外，Clayson 和 Larson 发现 N2 幅度显示显著的冲突适应性[115-116]。

(5) N450/N_{inc}：是认知控制过程反应阶段的重要指标，通常与 ACC 活动关联，和刺激冲突或反应冲突有关。使用 ERP 研究认知控制任务中的冲突干扰效应发现，与一致条件相比，不一致刺激之后 450 ms 诱发前额中央分布的负波，即 N450[65,117-118]。West 等发现 N450 的幅度受到认知控制 Stroop 任务中不一致实验的词和颜色冲突程度的调制[117]。Szucs 等认为 N450 和刺激冲突的探测/解决有关，而不是反应冲突[119]。另外，冲突探测的缺陷的反映是减弱的 N450，表明了 ACC 功能受损[19,70]。

2012 年，Donohue 和 Liotti 等在 Liotti 于 2000 年发表的视觉认知控制 Stroop 研究结果基础上进行了听觉认知控制 Stroop 实验，他们认为听觉 Stroop 效应存在和视觉 Stroop 效应一样的"冲突探测-冲突解决"机制，并且发现了 N_{inc}（200~500 ms，在 300 ms 达到峰值），以及晚期 Late-SW 成分，认为对应其 2000 年在视觉 Stroop 效应实验中所发现的 N450 和晚期 Late-SW 成分[60]。

研究[117] 认为 N450 是前额中央 N2 的扩展。N450 和 N2 的幅度在人脑认知控制提升的情况下都会增加[10,116,120]。但关于二者的区别目前尚不清楚，N2 通常被认为是冲突适应和监控的标志，也包括认知努力[10,115-116,120]，而 N450 可能反映了后来信息的并行处理[121]，同时被证明反映了冲突探测和监控[116]，以及冲突解决[119]。

(6) P3：通常认为与认知控制过程反应选择有关系，即映射刺激到合适的反应[122]。相关研究发现 P3 的幅度受到认知控制要求和认知冲突的调制[103]。Chen 等认为 N2 对冲突信息的反应，接下来 P3 控制这个冲突[114]。Lansbergen 等发现在认知控制任务中，不一致条件比一致条件会诱发潜伏期更长、幅度更小的 P3[123]。另外，研究[124] 发现运动能增加 P3 的幅度，缩短潜伏期，改善人脑进行认知控制时所需的注意资源分配和刺激评估速度。Van 等提出 P3 的潜伏期可能是神经处理速度或人脑效率的标志，而其幅度可能是神经能量或认知资源的标志，与人的成熟度呈正比[125]。

(7) Late-SW/SP：研究[65,117-118] 报道了 Late-SW（500~800 ms）的慢电位不一致条件的电位幅值大于一致条件的电位幅值。Larson 认为 SP 人脑认知控制基于之前和当前实验的一致性进行控制调节，与 PFC 的活动有关，而

N450 是对当前实验的冲突性做出反应，与 ACC 的活动有关。胡凤培等针对不同的认知控制任务（Stroop、Flanker 以及 Simon），发现相似的 Late-SW 以及 N450，表明了冲突监控理论在各种认知控制任务中都适用[126]。

（8）LRP：通常 LRP 被认为是在执行身体动作前的准备电位。在认知控制过程中 LRP 与反应准备和激活有关。通过 LRP 能够持续追踪运动皮层的激活，表明在显示的反应给出之前选择运动准备和反应初始化[127]。根据 LRP 传统的计算方法，负向偏斜表明手激活的正确反应，而负向偏斜表明手激活的错误反应[119]。

2. 认知控制频域脑电计算指标

大量研究已经证明通过信号处理方法获得的频域计算指标 $\delta(0\sim3.5\ Hz)$、$\theta(3.6\sim7\ Hz)$、$\alpha(8\sim13\ Hz)$、$\beta(14\sim29\ Hz)$、$\gamma(30\sim70\ Hz)$ 是真实的脑波振荡，分别反映了某种认知过程。大量研究提出了各个不同频段的脑波节律与不同的脑认知过程有关[128-133]。因此，脑波振荡能量的变化也可能反映了认知控制某一个过程。

（1）$\delta(0\sim3.5\ Hz)$：δ 频带通常在深度睡眠时会出现。然而，各种认知过程也与 δ 频带有关。在视觉或听觉 Oddball 实验范式过程中，δ 的幅度会增加，反映了有意识的刺激评估和记忆更新。因此，delta 频带和动机、明显事物的探测和决策制定有关。另外，Balconi 等认为 δ 频带和决策过程与更新功能有关[130]。

Yordanova 等提出执行监控系统针对执行错误进行检测，δ 振荡反映了 MPFC（Medial Prefrontal Cortex）针对错误的处理[134]。另外，Lakatos 在 2008 年的研究中发现 δ 振荡和选择性注意有关，同时指出 δ 振荡的相位决定高频振荡的能量[135]。

（2）$\theta(3.6\sim7\ Hz)$：大量研究证明了 θ 频段参与许多认知功能，例如：工作记忆[136]、学习[137]、注意[129]、情绪调节[131] 等。

在 Flanker 任务中，错误实验会引起 MPFC(FCz) 的 θ 能量的增加，并且 FCz 和 F5/F6 电极的相位同步增加[137]。他们还证明在冲突实验时，MFC 和 LPFC 的 θ 频带同步[69]。Hanslmayr 等通过时频分析的方法发现在 Stroop 任务 400~500 ms 过程中，干扰实验引起 ACC 的 θ 频带的增加，随后 600~800 ms，不一致条件的 ACC 和左 LPFC 的 θ 相位连通性比一致条件更持久，说明人脑认知控制系统进行"冲突监控-冲突解决"的过程[138]。Nigbur 等也观察到在不同的认知控制实验中（Simon 范式，Flanker 范式，Go-No-Go 范式）θ 频带活动的增加[139]。另外，Mas 和 Herrero 等提出对于预测错误后会引起 MFC 的 θ 频带的活动增加[140]。其他研究也提出 θ 频带在中央-前额区、LPFC 和感知-运动区的同步，反应了认知监控冲突或错误[69,137]。综合之前的研究，Cavanagh 等提出 MFC 的 θ 频带活动作为认知控制有说服力的候选脑波振荡[137]。

（3）α(8～13 Hz)：α 频带的 ERS（Event-related Synchronization，事件相关同步）在抑制控制和皮层处理的过程起重要作用，而 α 频带的 ERD（Event-related Desynchronization，事件相关去同步）代表自上向下的抑制控制的释放[133]。为了增加脑皮层的 SNR（Signal to Noise Ratio，信噪比），α 频带抑制冲突或干扰信息，从而使实验者可以集中进行当下任务[141]。另外，Krause 等观察到在听觉记忆编码任务中，α 频带（10～12 Hz）的能量增加，而在记忆提取阶段 α 频带能量减少[142]。

Sadaghiani 等结合 EEG 和 FMRI 研究 α 频带对知觉信息加工的门控功能时，发现 α 振荡不仅其幅度与控制强度有关，而且其相位同步与警觉和任务需求的相位控制有关，这也属于 α 频带在认知控制中的作用[143]。Klimesch 等发现当实验者控制或抑制反应执行的时候，出现 α 频带的 ERS，来自电极位于处于警觉或自顶向下控制的人脑皮层[133]。Cavanagh 等在 Flank 任务中发现低频 α 在错误实验后突然增加[137]。研究[144] 也发现刺激-刺激冲突和刺激-反应冲突都使 θ 和 α 频带的能量增加。但是，一些研究发现认知冲突抑制了 α 频带的能量。例如，相比于中性刺激/正确反应，在冲突刺激 Stroop 实验/错误反应之后，α 频带的能量减少，表明 α 频带参与了认知控制过程调节[145]。另外，Tang 等也发现在 Flanker 任务过程中，不一致条件引起显著的 α 频带的 ERD（480～980 ms），而一致条件在同样的脑区观察到 α 频带的 ERS[146]。

（4）β(14～29 Hz)：β 频带的 ERD 被认为代表激活皮层区的唤醒的神经结构。一些研究表明 β 频带在认知控制过程中起重要作用，如记忆[147]、注意[129]、在线的认知状态信息的保持[148] 等。

在认知控制任务中，与 θ 和 α 频带的能量增加不同，刺激-反应冲突使 β 频带的频谱能量减少[144]。另外，Schack 等在其 Stroop 效应的研究中采用瞬时相干分析发现，β 振荡（13～20 Hz）在不一致条件下左额叶和左顶叶区之内和之间具有更高相干性[149]。

（5）γ(30～70 Hz)：γ 振荡被认为与感知整合和信息表征[150]、工作记忆[151]、选择注意[152] 等。文献 [132] 认为 γ 振荡可能代表中央神经系统通信的统一编码。

Cho 等证明了对于健康实验者认知控制要求越高，前额区 γ 频带活动越强,但是对于精神分裂症患者这种认知控制相关的调节是缺失的[20]。此外,Kieffaber 也证明了需要认知控制只是隐式地提供给实验者,在预期的认知控制过程中,也出现引发的头皮层的 γ 频带活动增加[153]。另外,Tang 等提出引发的 γ 频带活动代表探测情绪表情期间的认知控制[154]。

1.3 当前研究面临的问题与挑战

综合上述研究现状可以看出,人脑认知控制的研究取得了一定进展,有些研究成果具有重要意义和实际应用价值。但是现有的人脑认知控制的研究方法和结果还存在不足和缺陷,有待进一步改进和完善。当前,针对人脑认知控制的计算指标及其检测识别方法研究面临如下问题和挑战。

1.3.1 认知控制实验范式设计不足

1. 缺少对周围非注意的复杂干扰信息认知控制研究的实验范式设计:缺少非注意状态下认知控制对周围复杂干扰信息抑制加工研究。目前常用的研究人脑的认知控制能力的实验范式有:Oddball、Go/NoGo、Stroop、Simon、Flanker 等[46-50]。这些实验范式通常需要实验者的注意系统参与到刺激的信息加工,所以相关研究都是人脑注意状态下的认知控制研究结果。人脑系统在非注意(没有注意参加,忽略相关信息等)状态下,对于周围复杂干扰信息的认知控制加工机制还有待研究,尤其是抑制加工机制。因此,需要设计认知控制状态下对周围非注意的复杂干扰信息进行抑制加工研究的实验平台。

2. 缺少听觉认知控制实验范式设计:目前跨人脑通道进行人脑认知控制研究主要使用 Stroop 实验范式,对人视觉、情绪的认知控制能力的实验范式已经有广泛研究[52,65]。尤其是视觉 Stroop 认知控制的脑加工机制已经有广泛研究,但国内外基于 Stroop 实验范式进行听觉认知控制相关研究较少,缺少听觉认知控制实验范式设计,尤其以汉语作为刺激语料的研究相当少。从而导致缺少对人的认知控制能力进行自动评价的相关实验数据。只有针对听觉认知控制实验范式的设计和研究,才能全面评价一个人的认知控制能力。

1.3.2 认知控制计算指标方法缺陷

1. 行为学计算指标准确性不高:根据实验者的行为学计算指标响应时间(或反应时间)和错误率,对实验者进行认知控制能力的研究和评价是目前常用的方法。这两个计算指标的研究方法主要是通过实验者多次实验,通过采集实验者的单次实验的行为学数据并进行叠加平均获得。但是,如果实验者自身注意力涣散,而不是由于分心刺激干扰导致,那并不能说明实验者的认知控制缺失或下降;如果被试在认知控制下降的情况下进行了正确的判断,也不能正确评价被试认知控制能力。所以,只用行为学数据不能实时地、准确地反映用户的认知控制能力,只能做初步的定性检测。

2. 神经影像计算指标研究结果不确定:虽然大部分的脑功能性神经影像研究通过图像处理方法获得认知控制引起的 ACC 和 DLPFC 脑区影像指标的激活[71-72],但是由于没有用同样的认知控制实验范式和实验者,与特定类型认知控制功能相关的脑区影像指标还没有最终确定。相关研究[72,75,86,89-91,94-98]通过认知控制实验范式,对获得多次实验的脑影像图进行图像处理、统计分析获得了不同的神经影像的计算指标。不同脑区在认知控制任务中明确的功能,以及各个脑区如何协调完成认知控制任务的机制还没有确定。另外,关于认知控制状态下对周围非注意的复杂干扰信息抑制加工以及听觉的认知控制的神经机制研究更少,无法为全面认知控制能力的检测提供相关计算指标。而且不同的认知活动也会激活 ACC 或 PFC 影像指标的激活,所以无法根据区域激活人的认知控制能力。另外,目前针对认知控制研究的神经机制研究主要使用的是 fMRI,虽具有较好的空间分辨率(毫米),但时间分辨率(秒)较低、成本较高且对实验者和环境要求高,在人的认知控制能力检测上还不能广泛进行实际应用。

3. 脑电信号计算指标存在争议:相比于 fMRI 采集得到的脑影像的方法,EEG 采集得到的脑电信号具有较好的时间分辨率(毫秒)、成本低、便于携带等优势,通过脑电信号时域计算指标进行人脑认知控制已经进行广泛研究。但由于相关脑电计算指标与认知控制关联并没有明确。无论是听觉信息还是视觉信息相关的认知控制研究通过对认知控制实验获得的脑电采用 ERP 方法计算获得相关计算指标,还存在不同的研究结果[57,60,65]。导致认知控制的机制和原理不清,如:关于认知控制发生的时期是注意加工的早期还是晚期的争论持续了很久。

通过频域计算指标研究人脑认知控制可以保留大脑神经元的非锁相信息,能更真实地得到脑认知相关信息,但认知控制的脑电节律方面的研究还很少。并且以上关于各个脑电节律在脑认知控制中并没有给出明确的功能,没有研究各个脑电节律计算指标在认知控制任务中各自的贡献,尤其是高频计算指标的作用没有给出，从而无法建立全面的脑电节律计算指标，导致无法用脑电节律计算指标来检测人的认知控制能力。

4. 认知控制状态下对周围非注意的复杂干扰信息抑制加工的计算指标：由于当前研究缺少认知控制状态下对周围非注意的复杂干扰信息抑制加工实验范式设计，没有相关数据集，导致没有提出相关认知控制计算指标的计算方法，无法全方面对人脑认知控制进行评价。

1.3.3 人脑认知控制机制及模型不清楚

基于神经影像学计算指标可知，认知控制是一个需要多个脑区共同参与的任务，其中 ACC 和 PFC 起着关键的作用。许多研究表明，当冲突出现时 ACC 先激活，ACC 检测或监控冲突，而 PFC 起控制调节作用[10]。如 Botvinick 等发现 ACC 因检测到行为计划中的冲突而激活，从而使 PFC 产生了更强的控制作用。Durston 等也发现 ACC 可检测到早期的冲突，DLPFC 也较早激活且一直维持着较高的激活水平，随后 DLPFC 通过自上而下的注意偏向引起顶叶激活[155]。在大量神经影像学计算指标的研究的基础上，Botvinick[10] 总结并提出了认知控制的"冲突监控理论"，该理论认为大脑的冲突监控系统对大脑知觉到冲突的通道进行监测，并评估冲突的水平，然后把冲突信息传递到执行冲突控制的区域，最终由这些执行控制的区域做出调整反应策略。这一模型涉及认知控制在大脑中的时空特征和神经机制。

Braver 根据冲突监控理论提出了一个反馈回路模型，如图 1.17 所示。在这个模型中，脑区 ACC 作为冲突监测中心对信息加工中的刺激冲突或反应冲突进行监控，然后传递到主要包括脑区 PFC 在内的执行控制区域进行认知控

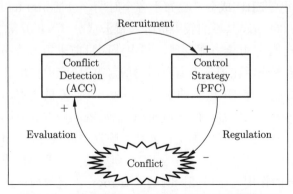

图 1.17 认知控制的"冲突监控-解决的反馈模型"

制策略的调整（提升或降低控制水平）。尽管这个模型认为冲突信息加工是序列进行的，并得到了大量研究的支持，但是许多研究也发现了一些这个模型不能解释的现象，例如 ACC 损伤的患者并未出现冲突控制的异常，证明 ACC 并非是冲突监控的唯一且必不可少的监控中枢。因此 Mansouri 等提出了另一个模型，认为 ACC、PFC 以及其他脑区并行起到直接的认知冲突控制的作用[45]，如图 1.18 所示。目前基于认知控制的"冲突监控理论"的模型的工作方式还不是很明确。

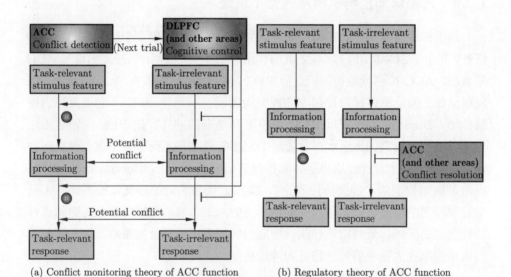

图 1.18 两种冲突加工模型

另外，基于脑电信号时域计算指标的研究发现，在不同实验条件下出现不同的认知控制相关 ERP 成分，分布于各个时期，包括 100 ms 左右的早期成分（N1、P1）、300 ms 以后的较晚成分和慢波成分（N450/N_{inc}、Late-SW）。早期成分并非在所有实验中都发现，其中原因目前未得到充分揭示。Liotti、Markela、West 等先后在视觉 Stroop 认知控制的研究中得出了一个较完善的认知冲突控制机制，在 ERP 上的表现为 450 ms 左右的 N450 体现了冲突探测，为冲突的解决提供信号。而 500 ms 以后的晚期慢波成分则代表了冲突的解决，亦即抑制不一致信息的加工，并认为晚期慢波成分在 Stroop 干扰效应中起到更大的作用[65,117-118]。但这些 ERP 研究很少注意早期成分的作用甚至忽略了早期成分的作用，这可能影响基于 Stroop 干扰效应所建立的人脑认知控制模型的完整性，或者影响对相关模型的理解。听觉认知控制的 ERP 研究存在同样问题，缺少全面客观的 ERP 评价指标，无法用于人的认知控制能力的精确评价上。

1.3.4 缺少实时认知控制识别应用研究

1. 缺少基于单次实验脑电的认知控制特征提取方法：目前认知控制的计算指标所表征的特认知规律，都是针对多次实验的结果进行计算，无法实时、在线地对人脑认知控制情况进行检测。因此，急需针对单次脑电信号进行高效的认知控制特征提取的方法。

2. 缺少基于认知控制的机制进行特征提取的方法：目前对于脑电信号特征主要使用时域脑电特征（幅度、峰值、振幅差值、均值、标准差、偏斜度等）或频域特征（通过短时傅里叶变换和小波变换得到脑波节律）。这些特征提取方法与认知控制的机制（认知过程发生的时程、脑神经认知控制机制、脑区分布等）结合不够，从而导致不能有效准确进行认知控制的检测识别。尤其是针对听觉认知控制脑电，由于缺乏相关神经机制，导致没有相关的特征提取方法。因此，急需基于认知控制的机制进行有效的、准确的特征提取的方法。

3. 缺少人脑认知控制检测识别的机器学习方法：目前针对脑电信号进行认知状态识别通常采用的机器学习方法是 SVM（Support Vector Machine，支持向量机），针对人脑认知控制状态的识别并没有相关研究提出机器学习方法。因此，需要适用于人脑认知控制检测识别的高精度的机器学习方法。从而，为认知控制识别的应用打下基础。

1.4 本书主要研究工作及组织结构安排

1.4.1 本书主要研究工作

本书主要致力于研究认知控制检测的计算指标及其识别应用方法，从而为广泛应用于与人脑认知控制评估的相关领域。研究的主要工作包括四部分（如图 1.19 所示）。

1. 认知控制研究基础：认知控制实验范式的研究是进行认知控制计算指标和检测识别的前提。根据当前认知控制相关研究，研究认知控制的已有的生物计算指标，主要包括行为学指标、神经影像指标、脑电指标等，从而建立认知

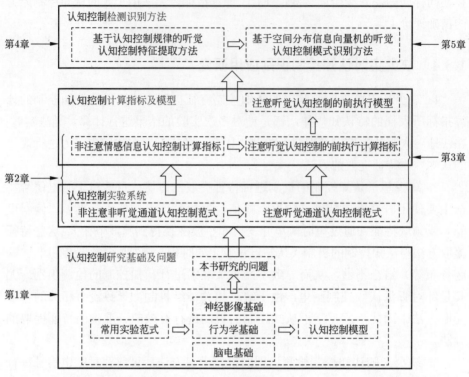

图 1.19 主要研究工作

控制相关的行为学基础、神经影像基础以及脑电基础。基于认知控制的基础，给出当前研究认知控制相关的模型。

2. 认知控制实验范式：建立认知控制实验范式，作为全文研究的基础。针对认知控制实验范式类别不足的问题，改进实验范式，设计非注意状态下非听觉通道（复杂信息）认知控制实验范式，采集实验者脑电数据，并进行预处理；在这个研究成果的基础上，设计基于汉语语料的听觉认知控制实验范式，采集实验者脑电数据，并进行预处理。

3. 认知控制计算指标及模型：为了检测人脑非注意（非）听觉通道对周围复杂信息的认知控制情况，基于非注意状态下（非）听觉认知控制实验范式采集的脑电数据进行处理，提出 UAEI-ERD/ERS（Unattended emotional information-Evented-Related Desynchronization/Synchronization，非注意状态下情感信息的事件相关去同步化和同步化）方法计算非注意状态下对于面孔表情认知控制加工相关，并进行多元统计分析，获得认知控制相关生物指标；在

非注意认知 (非) 听觉认知控制研究的基础上，基于汉语语料的听觉认知控制实验范式采集的脑电数据进行处理，提出采用 ERP 方法研究注意状态下认知控制前执行阶段相关的指标，并采用更精确的方法进行多元统计分析，计算获得注意状态下对于语音冲突信息进行听觉认知控制的前执行阶段相关的计算指标。基于上述研究，提出更完整的听觉认知控制前执行阶段的信息加工模型。

4. 认知控制检测识别方法：为了实时地、准确地、在线地对人脑认知控制进行评估，本书首次提出了针对单次实验获得的脑电数据进行认知控制的检测识别的问题。通过新的特征提取方法和模式识别方法来解决这个问题。其一，结合听觉认知控制过程的认知规律，提出基于听觉通道认知控制机制的听觉认知控制特征提取方法；其二，针对认知控制实验脑电样本与非认知控制实验脑电样本不平衡分布的问题，提出基于样本空间分布信息向量机，更准确地检测识别认知控制。

1.4.2　本书组织结构安排

本书共分为 5 章，各章内容安排如下。

第 1 章：论述了人脑认知控制相关研究的背景以及重要意义。提出了人脑认知控制计算及其检测识别的问题。总结了当前认知控制研究相关的实验范式以及各自研究的侧重；综述了认知控制已经获得生物计算指标：行为学指标、神经影像学指标以及脑电指标（时域 ERP 指标和频域脑波振荡指标）。从认知控制实验范式类别、认知控制计算指标、人脑认知控制机制及模型以及实时认知控制检测识别方法四方面剖析了现有研究面临的问题与挑战。最后，阐述了本书主要研究工作及组织结构安排。

第 2 章：对人脑非注意情况下的听觉通道和非听觉通道（视觉、情感通道）认知控制相关的计算指标进行综述。针对非注意情况下情感通道的认知控制相关研究存在的问题，改进实验方法，设计了非注意情感信息认知控制实验范式，采集实验者的认知脑电数据。提出了针对非注意认知控制条件下加工情感信息所获得的脑电数据的处理方法，并计算获得相关指标。建立了人脑认知控制系统在非注意情况下加工情感信息的完整的计算指标以及工作机制。本章的工作为研究人脑听觉通道认知控制工作的开展提供了研究基础。

第 3 章：对人脑注意情况下听觉和视觉通道认知控制相关研究进行综述。针对听觉认知控制相关研究较少，尤其是采用汉语语料作为实验刺激的实验范式较少的问题，改进实验方法，设计了注意条件下听觉冲突信息认知控制的实验范式。本章提出了针对注意状态认知控制条件下人脑加工冲突语音信息所获得的脑电数据的处理及分析方法,并计算获得相关指标。实验结果发现,一系列显著的 ERP 效应揭示了一致和不一致实验条件下认知控制的差异:不一致实验相对于一致实验,在额中央区有两个减少的负波(N1 和 N2)和三个减少的正波(P1、P2 和 P3)。这些早期的 ERP 效应表明了在听觉 Stroop 效应中感知和识别阶段的认知控制都存在。针对听觉 Stroop 任务,本章提出更详细具体的三阶段认知控制模型,用于描述听觉 Stroop 效应中的认知控制机制。

第 4 章:基于认知控制的相关研究,提出了认知控制及认知控制缺失症的检测识别的问题。利用冲突和非冲突的语音信号刺激,分析研究脑电信号,给出听觉认知控制时域的认知规律相关的计算指标。在基于语音认知冲突下的认知控制的规律下的单次实验脑电数据特征取方法。根据得到的认知规律,单次实验脑电样本被分成三部分。被分割的每个阶段使用时域上的平均幅值和 Lempel-Ziv 复杂度 (LZC) 进行计算,从而联合三个阶段的特征作为听觉认知脑电样本的特征。最后通过实验证明,针对单次听觉认知控制脑电样本的特征提取方法,联合使用平均幅度和 LZC 可以获得最好的识别率 (99.33%)。从而,提出的方法能够有效地检测听觉认知控制脑电数据,进而提供人脑认知控制能力评价的检测方法。

第 5 章:提出认知控制识别的模式分类方法。分析了 SVM 在处理样本不平衡分布时存在有偏向性问题,使少数类别的分类错误率的上界高于多数样本类别。分析总结了针对该问题当前的研究方法,并指出存在问题。提出基于样本空间分布信息的 SVM 分类识别方法。该方法主要是使少数类样本点到超平面的距离大于多数类,降低少数类的错分类的上界,充分利用样本的空间分布距离信息,没有增加或减少样本点。UCI 数据集和认知控制脑电集的实验结果显示,在三种提出的方法中,MSEDR-SVM 在处理不平衡样本分布时,是最有效的,可以有效检测识别认知控制脑电,从而为认知控制的识别应用提供模式分类方法。

第 2 章 非注意状态下情感信息认知控制的计算指标及工作机制研究

2.1 引　　言

人脑认知控制系统使我们的信息处理和行为反应能够灵活适应当前环境。认知控制包括多个认知过程，如：当前环境信息和任务目标的表征和维持，注意资源的分配，刺激-反应的映射等。当前上下文信息应包括两类：任务相关的刺激信息和任务无关的刺激信息。任务执行者对任务相关的刺激信息会进行注意资源的分配，进行信息加工、决策以及反应。而任务无关的刺激信息又分为注意状态下和非注意状态下。对于注意状态下的任务无关的刺激信息，人脑认知控制系统会进行抑制控制，减少对有效任务信息的干扰。但是，对于非注意状态下的任务无关的刺激信息，人脑认知控制系统如何进行工作的相关研究还很少。

非注意状态下周围干扰信息的认知控制的研究对于我们的日常生活有着重要的作用。如驾驶员在进行驾驶任务的过程中，需要通过认知控制系统处理当前驾驶任务相关的各种信息，对视觉通道当前上下文加工以外的信息（如两边的交通车辆等）的处理能够保证交通安全；人们通过认知控制系统进行穿梭在人群的任务，听觉或视觉处理系统处理周围的异常信息（如突然声响等）能够保证人身安全。对非注意状态下人脑认知控制系统对于周围刺激信息的计算指标的研究，可以完善人脑认知控制机制，更全面地评价人脑认知控制系统，具有重要的意义。

2.1.1 非注意听觉信息认知控制的计算指标

1. 脑电信号时域计算指标

关于听觉认知控制系统对非注意刺激的加工的主要计算指标有 AMMN

（Auditory Mismatch Negativity，听觉失匹配负波），如图 2.1 所示。Naatanen 发现了 ERP 成分 AMMN[156]。AMMN 可以在非注意条件下产生，反映了感知过程的自动加工。通常采用让实验者执行认知控制任务，建立听觉通道的非注意条件，当重复出现的语音刺激序列里包含不同听觉频率的"标准刺激"（1000 Hz，出现概率 80%，出现次数 n_s）和"偏差刺激"（1008 Hz，出现概率 20%，出现次数 n_d），两种刺激产生的 EEG 会有差异。AMMN 的计算如公式 2.1 所示。

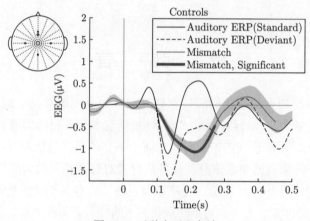

图 2.1 听觉失匹配负波

$$\text{AMMN} = \frac{1}{n_d} \sum_{i=1}^{n_d} \boldsymbol{X}_d(i) - \frac{1}{n_s} \sum_{i=1}^{n_s} \boldsymbol{X}_s(i) \tag{2.1}$$

其中，$\boldsymbol{X}_d(i)$ 为第 i 次语音偏差刺激序列得到的经过预处理之后的脑电序列；$\boldsymbol{X}_s(i)$ 为第 i 次语音标准刺激序列得到的经过预处理之后的脑电序列。

AMMN 反映了听觉刺激之间的差异，即它是听觉偏差刺激与听觉标准刺激诱发的 ERPs 的差异负波，刺激后 50 ms 开始产生，在之后的 100~150 ms 形成负波锋。因此，AMMN 是人脑非注意听觉认知控制重要计算指标，该指标的产生不需要听觉认知控制系统调用注意资源分配、抑制控制等自上向下的信息处理过程。AMMN 反映了听觉通道的感知记忆（sensory memory），可以"控制"一些高级心理或行为认知执行。另外，研究[157] 提出 AMMN 本质上是听觉 N1 指标的潜伏期和幅度调制的表现，由皮层神经元的更新输入活动产生。因此，AMMN 的产生需要认知控制系统的上下文信息维持的认知功能。

相关研究认为 N1 也是非注意听觉认知控制的计算指标。Ding 等发现对人脑认知控制注意下的语音，N1 反应增强，但对非注意下的语音则减弱[158]。听觉皮层反应 N1 对于非注意声音幅度减小反映了来自掩蔽的侧抑制[159]。

另外，相关研究认为其他 ERP 成分也是非注意听觉认知控制的计算指标。Woldorff 等发现注意听觉认知控制的刺激引起更大的听觉 P1 和 N1，而研究[160] 发现非注意听觉认知控制的刺激引起减小的听觉 P1 和 N1。研究[156] 也发现在注意听觉认知控制条件下，ERP 正波 (P1, P2, P3) 和负波 (N1, N2) 的峰值比非在注意听觉认知控制条件下更小。

2. 脑电信号频域计算指标

通过 ERO（Event-related Oscillation，事件相关振荡）的方法，研究发现认知控制系统对于非注意的持续语音会引起 θ 频段实验之间相位的减少[161]。另外，Karns 等发现相比注意认知控制条件下，平均开始于 57 ms 的 γ 频段 (45～50 Hz) 的能量在非注意认知控制条件下减少[162]。

2.1.2 非注意视觉信息认知控制的计算指标

1. 脑电信号时域计算指标

视觉认知控制系统对非注意的视觉刺激的加工也有类似于听觉的指标——VMMN（Visual Mismatch Negativity，视觉失匹配负波），如图 2.2 所示。ERP 成分 VMMN 表征了非注意视觉认知控制系统自动地、快速地且有效地检测没有注意的视觉变化[163]。和 AMMN 产生的方式类似，低比例的视觉刺激（如"偏差"）出现在高比例的刺激（如"标准"）的序列中引起 VMMN，计算方法可参照公式 2.1。

VMMN 反映了视觉刺激之间的差异，即它是视觉偏差刺激与视觉标准刺激诱发的 ERPs 的差异负波。VMMN 通常负偏向，在视觉刺激开始后的 150～400 ms 达到峰值。VMMN 的产生认为是基于记忆失匹配（感知记忆跟踪高频刺激中出现低频刺激）或预测错误（基于刺激序列的规律产生了对于接下来刺激的不一致预测）[164]。因此，VMMN 的产生也需要认知控制系统的上下文信息维持的认知功能。

Wei 等通过使用"跨通道延迟反应 Oddball"认知控制实验提高视觉刺激加工的非注意纯度，发现非注意情况下，听觉/视觉通道的低概率刺激会在 100～200 ms 引起在前额区电极有最大值的 ERP 计算指标 DRN1（Deviance-Related Negativity 1，偏差相关的负波 1），该指标为偏差刺激相对于标准刺

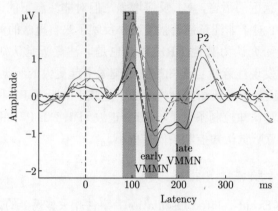

图 2.2 视觉失匹配负波

激的负波。当实验者的认知控制系统注意到刺激后，DRN1 之后会有 DRN2（Deviance-Related Negativity 2，偏差相关的负波 2）[165]。视觉通道发现的 DRN 与 AMMN 和 VMMN 有相同的特点。该研究揭示了非注意和注意情况下认知控制计算指标的差异。

2. 脑电信号频域计算指标

通过 ERO 的方法，相关研究也发现了对非注意条件下的视觉信息认知控制的频域振荡计算指标。Gomez 等发现非注意视觉认知控制条件下引起显著的 α 频段 (9~11 Hz) 增加和 β 频段 (15~17 Hz) 减少[166]。此外，Worden 等发现非注意认知控制下，位置信息的处理会引起 α 活动增加，与干扰信息的抑制有关[167]。Handel 等发现相比于注意认知控制刺激，顶枕区 α 能量对于非注意认知控制刺激更高，从而，提出 α 通过增加活动来抑制非注意认知控制下刺激的感知[168]。研究[169] 提出了对于优先处理的突出的非注意认知控制刺激的频域振荡机制。其中，脑后部的 α 频段 (8~13 Hz) 根据任务相关性，优先处理和调度非注意认知控制状态下的视觉输入，与 α 频段同步的 γ 频段 (30~100 Hz) 及时分离竞争的非注意认知控制刺激的表征。

2.1.3 非注意情感信息认知控制的计算指标

人脑在非注意的认知控制状态下对周围的情感信息是否存在自动感知加工过程，对研究人的认知控制能力具有重要的意义。另外，识别人的情感状态是和谐友好的智能人机交互的关键。最近两年情感脑机接口的研究逐渐增多。

越来越多的研究感兴趣于从 EEG 中提取评价用户的情感状态的计算指标[170]。面孔表情在社交中起关键作用，从面孔表情识别情绪是情感能力的重要方面。已经有研究证明人类在前注意的认知控制状态下，面孔表情进行加工会产生相关计算指标。

1. 脑电信号时域计算指标

相关研究[171-172]发现，在面孔表情出现后的 100 ms 就出现了相关的 ERP 计算指标，表明了来自于面孔表情的情感信息可以快速地被注册、编码和分类。Balconi 和 Lucchiari 也发现面孔表情引起负向偏斜的 N2，但没有诱发 P3。同时，相比于有意识刺激，无意识刺激引起延迟的峰值变化。Smith 也发现虽然实验者行为学反应没有在无意识条件下区分情感刺激，但是脑额区和顶颞区的事件相关电位活动表明了对情感信息的调制。表明了情感面孔可以在无意识情况下进行加工[173]。另外，通过使用改进的跨通道延迟反应实验，Zhao 等最早发现面孔表情非注意认知控制加工相关的 EMMN 计算指标（Expression Mismatch Negativity, 表情失匹配负波），反映了对面孔表情的前注意变化探测[174]。EMMN 计算指标首次证明了在非注意认知控制的条件下，相比于高兴表情，悲伤表情自动化加工程度更高。Chang 等也发现在前注意面孔表情处理阶段和 Zhao 的研究具有类似的结果[175]。

2. 脑电信号频域计算指标

值得注意的是，多数以前的研究运用 ERP 计算方法研究面孔表情的处理。ERPs 只关注了神经细胞群的锁相活动，没有区别不同频带，因此不能完全地表征和情感处理相关的事件相关动态变化。最近，有研究通过 ERO 方法证明了脑波振荡指标（如：δ、θ、α、β、γ）参与了情感处理。Basar 等证明了生气面孔会引起顶区 θ 频段活动的增强[132]。Guntekin 和 Basar 则发现，相比于高兴面孔，生气面孔诱发 α 频段和 β 频段幅度的增加[128]。另外，Balconi 和 Pozzoli 发现高频 γ 频段的活动和面孔表情的唤醒程度的高低有关，而低频 θ 频段的活动和面孔表情的情感内容有关。总之，各个频段的 EROs 可能参与到认知控制过程中对面孔表情的加工。

在事件相关频段的分析中，ERD(Evented-Related Desynchronization, 事件相关去同步化) 反映了某段频段频谱能量的减少，而 ERS(Evented-Related Synchronization, 事件相关同步化) 反映了某段频段频谱能量的增加[141]。一些研究通过 ERD 和 ERS 的方法分析处理面孔表情相关的情感脑波振荡，发现 δ、θ、β 有增强的 ERS 计算指标，以及 α 有减弱的 ERD 计算指标。

2.1.4 当前研究存在的问题及本章主要研究内容

上述多数研究都是实验者在注意状态下对情感图片进行认知控制处理，从而获得相关 ERR 计算指标，而非注意情感信息认知控制的计算指标的研究还很少，并且时域指标单一，主要的计算指标只有 MMN。尤其是，每个脑波频带在非注意条件下对面孔表情处理的频域计算指标尚不清楚。

本章的研究目的是研究非注意状态下情感信息（Unattended emotional information，UAEI）认知控制加工相关的计算指标。脑波振荡表征了丰富的认知信息。一些研究提出了实验者注意情况下对情感刺激进行认知控制加工的脑波振荡指标。但是关于非注意情感信息认知控制加工的脑波振荡的功能没有进行研究。本章在建立各频段非注意情感信息认知控制的计算指标同时，还给出了各段脑波振荡相应的功能。本研究工作的重要意义是，能够通过计算获得计算指标及时分析人脑非注意情感信息认知控制的状态。

2.2 UAEI 认知控制检测的计算指标研究方法

2.2.1 UAEI 认知控制检测系统框架

UAEI 的认知控制检测的计算指标研究方法的系统框架如图 2.3 所示，主要的过程如下：

（1）建立 UAEI 认知控制的实验范式：使用偏差-标准反转 Oddball 实验范式，让实验者参与在视野中心的视觉探测任务，保证周围出现的相同的面孔表情在非注意条件下进行认知控制加工。

（2）脑电数据采集：通过脑电记录设备采集每位实验者在 UAEI 认知控制的实验范式过程中的 EEG 数据，并记录存盘。

（3）自适应脑电数据预处理：主要包括去除眼电、脑电分段、基线校正和自适应去除伪迹。

（4）计算各脑波振荡：提出基于复数解调（Complex demodulation，CD）的方法计算各脑波振荡，包括 $\delta(1\sim 4\ Hz)$、$\theta(4\sim 8\ Hz)$、$\alpha1(8\sim 10\ Hz)$、$\alpha2(10\sim 13\ Hz)$、$\beta1(13\sim 20\ Hz)$、$\beta2(20\sim 30\ Hz)$。

(5) 计算各脑波振荡 UAEI-ERD：提出基于 UAEI-ERD/ERS（Unattended emotional information-Evented-Related Desynchronization/Synchronization，非注意状态下情感信息的事件相关去同步化和同步化）方法计算非注意状态下面孔表情认知控制加工相关的各脑波振荡能量变化。

(6) 振荡指标统计分析：基于脑区分布和统计分析方法对各脑波振荡的能量变化计算指标进行统计分析，发现不同脑区加工面孔表情、刺激类型的差异的显著性。从而得到 UAEI 的认知控制相关的计算指标。

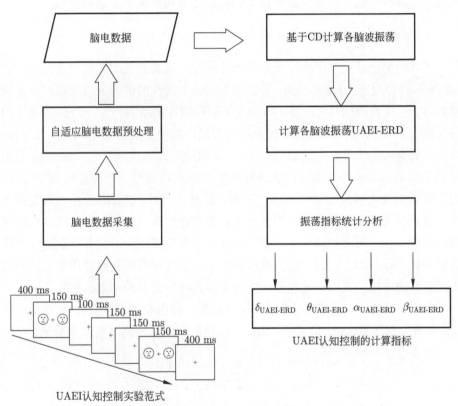

图 2.3　UAEI 的认知控制检测的计算指标研究方法的系统框架

2.2.2　设计 UAEI 认知控制的实验范式

在偏差-标准反转 Oddball 实验范式[176]基础上设计了 UAEI 认知控制的实验范式。通过该实验范式成功获得非注意面孔表情信息认知控制相关的 ERP 计算指标——EMMN，该指标表明了前注意阶段对于面孔表情信息变化的探测[177]。因此，偏差-标准反转 Oddball 实验范式能够研究 UAEI 认知控制处理真正相关的计算指标。

1. 实验者

随机选取 14 名在校大学生（7 名女性，7 名男性，平均 23.9 岁，标准偏差为 2.91）参加该实验。13 名实验者为右利手，只有一名女性实验者为左利手。实验者的受教育经历至少 10 年以上。实验者都有正常的或矫正后的正常视力，无脑部疾病。所有实验者在实验开始之前均签署了知情同意书。

2. 语义情感面孔刺激加工

一些研究已经证明了相比于照片面孔刺激，语义面孔刺激能够诱发同样的 ERPs 和神经反应。Krombholz 等认为不同语义面孔的情感表情能调制面孔敏感的 N170 计算指标[178]。为了减少人类面孔图片刺激的差异，Chang 等使用语义面孔 (悲伤、高兴和中性) 作为标准刺激，发现了类似于 Zhao 和 Li 的通过真实的女人脸照片获得的研究成果——EMMN 计算指标[175]。Maratos 等也证明了简单内容的语义面孔能够诱发和照片面孔刺激对应的神经反应[179]。他们提出语义视觉刺激能够有效地表征面孔处理。另外，fMRI 的相关研究结果也发现情感语义面孔刺激相比中性面孔刺激在杏仁体、海马体和前额叶出现增强的影像指标，表明相对简单的语义面孔刺激也能够用于研究非注意面孔表情信息的认知控制加工。因此，当前研究为了减少真实的面孔照片作为刺激引起物理属性的变化，采用语义刺激作为与实验者任务无关的刺激。

在所有实验中，呈现 54 个语义脸（高兴、悲伤和中性表情），如图 2.4 所示。每种类型包括 18 个语义脸，面部表情特征和眼睛距离随机发生变化。在屏

图 2.4 语义面孔的示例（悲伤、高兴和中性表情）

幕中心有一个"+"号，两个有同样表情的语义脸在屏幕的两边呈现 150 ms。实验者距离屏幕 70 cm，视角为 3.68 cm×3.42 cm。呈现语义脸之后有 400 ms 的刺激之间的间隔，在此过程中"+"号会发生变化。"+"号会持续在屏幕中心呈现。实验者被要求盯住屏幕中心固定的"+"号，当"+"号大小发生变化时尽快做出按键反应，如图 2.5 所示。

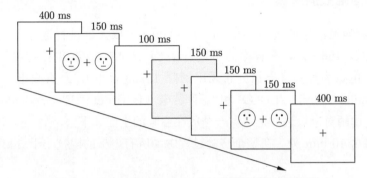

图 2.5　非注意认知控制下加工面孔表情的实验过程

3. 实验过程设计

实验使用偏差-标准 Oddball 范式和偏差-标准反转 Oddball 范式。实验中有四组（block）类型的实验：

（1）高兴面孔作为偏差刺激，中性面孔作为标准刺激。

（2）高兴面孔作为标准刺激，中性面孔作为偏差刺激，出现概率与 1 组相反。

（3）悲伤面孔作为偏差刺激，中性面孔作为标准刺激。

（4）悲伤面孔作为标准刺激，中性面孔作为偏差刺激，出现概率与 3 组相反。

每组实验有三个序列，104 个标准面孔和 30 个偏差面孔。在每个序列之前，标准刺激"+"号会呈现，为了增加实验者的感知记忆。每个序列共有 161 个实验（trial）。在每个序列，面孔的选择和"+"号的变化是伪随机的，从而减少面孔表情和学习适应性的交互效应。各组实验出现的顺序在实验者之间是平衡的。同样的面孔既作为偏差刺激又作为标准刺激，可以通过研究物理属性相同的刺激来研究情感信息处理相关的脑波振荡，从而减少中性面孔和悲伤/高兴面孔底层物理属性差异的影响。实验在隔音室内进行，实验者坐在靠椅上，被指导参与在视野中心的视觉探测任务——盯住计算机屏幕中心的"+"

号,当"+"号在固定位置出现不可预知的变化时,尽快且正确地做出判断,从而忽略"+"号两边出现的同样的面孔表情。在每组实验过程中,实验者被要求尽可能减少眼睛的移动。实验设计保证了实验者对于 UAEI 的认知控制加工。

2.2.3 脑电数据采集

EEG 脑电信号通过 Neuroscan SynAmps 2 放大器进行连续记录,带通滤波(0.05~150 Hz),采样率为 500 Hz。64 导 Ag/AgCl 电极帽用于记录脑电,参考电极为鼻尖(电极分布采用国际 10/20 标准),垂直眼电(Vertical Electrooculography, VEOG)和水平眼电(Horizontal Electrooculography, HEOG)由两对电极进行记录,一个放在右眼的上面和下面,另外一个放置距离外侧眼角 10 mm 处。在整个实验过程中,所有电极的阻抗小于 5 kΩ。

2.2.4 自适应脑电数据的预处理

所有数据采用 Neuroscan Edit 软件进行处理,使用 TCL(Tool Command batch processing Language,工具命令批处理语言)语言进行 EEG 数据的自动编程处理。预处理之前,手动浏览原始 EEG 数据,删除由于放大器裁剪失真、肌电活动干扰等引起的伪迹,或者是峰峰值偏向超过 ±100 μV 的电位。然后,预处理的过程主要包括:去除眼电、脑电分段、基线校正以及伪迹去除。

1. 去除眼电

眼电(Electro-oculogram, EOG)是 EEG 中最明显的伪迹。去除眼电伪迹的一种常用方法是删除包含明显眼电伪迹的实验。该方法一方面导致 EEG 数据缺失,另一方面采用该方法后,EEG 数据中可能还混有眼动慢电位伪迹。为了更有效地删除 EOG,采用平均伪迹回归方法(Average artifact regression method, AARM),详见算法 2.1。其中,cov 表示计算协方差,var 表示计算方差。

2. 脑电分段

去除眼电后,对脑电信号进行分段,分为刺激开始前 50 ms 和刺激后 400 ms,具体过程详见算法 2.2。

算法 2.1 平均伪迹回归方法去除眼电 (Average Artifact Regression Method, AARM)

Input: 一个实验者第 k 个电极原始脑电信号为 $X(n)$，包括 N 次实验的脑电数据：$X_1(n), X_2(n), \cdots, X_N(n)$，眼电电极的原始脑电信号为 **EOG**，包括 N 次实验的脑电数据：$\mathbf{EOG}_1, \mathbf{EOG}_2, \cdots, \mathbf{EOG}_n$；其中，每次实验得到脑电序列的采样点为 M 个；

Output: 第 k 个电极预去除眼电后的脑电信号 $X_o(n)$，包括 N 次预处理后的实验的脑电数据：$X_{1o}(n), X_{2o}(n), \cdots, X_{No}(n)$。

1: maxEOG ← 0, curThre ← 0, cnt ← 0, transCoffi ← 0, **averageArtifact ← 0**;
2: **for** i=1 to N **do**
3:    **for** j=1 to M **do**
4:       **if** $\mathrm{EOG}_{i,j}$ > maxEOG **then**
5:          maxEOG ← $\mathbf{EOG}_{i,j}$;
6:       **end if**
7:    **end for**
8: **end for**
9: curThre ← maxEOG∗10%;
10: **for** i=1 to N **do**
11:    **for** j=1 to M **do**
12:       **if** $\mathrm{EOG}_{i,j}$ > curThre **then**
13:          **averageArtifact** ← **averageArtifact** + $\mathbf{EOG}_i$;
14:          cnt ← cnt + 1;
15:       **end if**
16:    **end for**
17: **end for**
18: **averageArtifact** ← **averageArtifact**/cnt;
19: transCoffi ← cov(**averageArtifact**, $\mathbf{X}(n)$) / var($\mathbf{X}(n)$);
20: **for** i=1 to N **do**
21:    $\mathbf{X}_{io}(n)$ ← $\mathbf{X}_i(n)$ − transCoffi ∗ $\mathbf{EOG}_i$;
22: **end for**

3. 基线校正

脑电分段后，为了消除脑电相对于基线的偏离，采用刺激前（−50∼0 ms）的时间段进行基线校正（baseline correction），具体过程详见算法 2.3。

4. 伪迹去除

基线校正后，为了去除幅度较高的伪迹，可采用自适应脑电伪迹数据的预处理的方法（Adaptive EEG Artifact Data Preprocessing，AEADP）。伪迹去除的阈值从 70 μV 开始，每次递增 5 μV，直到去除伪迹的比率小于 20% 停

算法 2.2 脑电分段 (EEG data Epoach)

Input: 一个实验者第 k 个电极去除眼电后的脑电信号 $X_o(n)$，包括 N 次实验的脑电数据：$X_{1o}(n), X_{2o}(n), \cdots, X_{No}(n)$;

Output: 第 k 个电极脑电分段后的脑电信号 $X_{oe}(n)$，包括 N 次预处理后的实验的脑电数据：$X_{1oe}(n), X_{2oe}(n), \cdots, X_{Noe}(n)$;

1: $X_{oe}(n) \leftarrow 0$;
2: **for** i = 1 to N **do**
3:     **for** j = −50 to 400 **do**
4:         $X_{oe}(j) \leftarrow X_o(j)$;
5:         $j \leftarrow j + 2$
6:     **end for**
7: **end for**

算法 2.3 基线校正 (Baseline correction)

Input: 一个实验者第 k 个电极脑电分段后的脑电信号 $X_{oe}(n)$，包括 N 次实验的脑电数据：$X_{1oe}(n), X_{2oe}(n), \cdots, X_{Noe}(n)$;

Output: 第 k 个电极基线校正后的脑电信号 $X_{oeb}(n)$，包括 N 次实验的脑电数据：$X_{1oeb}(n), X_{2oeb}(n), \cdots, X_{Noeb}(n)$;

1: $X_{oeb}(n) \leftarrow 0, \text{avg} \leftarrow 0, \text{cnt} \leftarrow 0$;
2: **for** i = 1 to N **do**
3:     **for** j = −50 to 0 **do**
4:         $\text{avg} \leftarrow \text{avg} + X_o(j)$;
5:         $\text{cnt} \leftarrow \text{cnt} + 1$;
6:         $j \leftarrow j + 2$;
7:     **end for**
8:     $\text{avg} \leftarrow \text{avg}/\text{cnt}$;
9:     $X_{oeb}(n) \leftarrow X_{oe}(n) - \text{avg}$;
10: **end for**

止，阈值终止值为 150 μV，具体过程详见算法 2.4。该方法相比于固定阈值的方法可以确保保留下的实验次数，确保后续计算的准确性。

2.2.5 解调各频段脑波振荡

EEG 数据自适应预处理之后，采用复数解调（Complex Demodulation, CD）的方法[180] 得到各脑波振荡。

CD 的主要思想是从一个时间序列中获得某个中心频率的幅度和相位，可以不受时间序列点数 2 的幂次方的限制。相比于快速傅里叶变换（FFT）和

算法 2.4　自适应脑电数据的预处理（Adaptive EEG Artifact Data Preprocessing, AEADP）

Input：一个实验者第 k 个电极基线校正后的脑电信号 $X_{oeb}(n)$，包括 N 次实验的脑电数据：$X_{1oeb}(n), X_{2oeb}(n), \cdots, X_{Noeb}(n)$；

Output：第 k 个电极自适应伪迹去除后的脑电信号 $X_{oeba}(n)$，包括 M 次预处理后的实验的脑电数据：$X_{1oeba}(n), X_{2oeba}(n), \cdots, X_{Moeba}(n)$；

1:　$X_{oeba}(n) \leftarrow 0$, curThre $\leftarrow 0$, cnt $\leftarrow 0$, rejectionRate $\leftarrow 0$, boolArtifact $\leftarrow$ false;
2:　**for** curThre = 70 to 150 **do**
3:　　**for** i = 1 to N **do**
4:　　　cnt $\leftarrow$ 0;
5:　　　**for** j = −50 to 400 **do**
6:　　　　**if** $X_{ioeb}(j)$ > curThre **then**
7:　　　　　cnt $\leftarrow$ cnt + 1, break;
8:　　　　**end if**
9:　　　**end for**
10:　　　rejectionRate $\leftarrow$ cnt/226;
11:　　**end for**
12:　　**if** rejectionRate < 0.2 **then**
13:　　　break;
14:　　**end if**
15:　　curThre $\leftarrow$ curThre + 5;
16:　**end for**
17:　**for** j = 1 to N **do**
18:　　boolArtifact $\leftarrow$ false;
19:　　**for** k = −50 to 400 **do**
20:　　　**if** $X_{ioeb}(k)$ > curThre **then**
21:　　　　boolArtifact $\leftarrow$ true, break;
22:　　　**end if**
23:　　**end for**
24:　　**if** boolArtifact == false **then**
25:　　　$X_{ioeba}(n) \leftarrow X_{joeb}(n)$;
26:　　　i $\leftarrow$ i + 1;
27:　　**end if**
28:　**end for**

wavelet 方法，可以不用获得全频段，在脑波振荡先验知识的指导下获得指定频率。因此，CD 方法在时间复杂度上具有高效性。对一个实验者第 k 个电极自适应伪迹去除后的脑电信号 $X_{oeba}(n)$ 进行复数解调的具体过程如下。

（1）将 $X_{oeba}(n)$ 表示为一个幅度和相位变化缓慢、中心频率为 ω 的周期信号 $S(n)$，加上一个其他信号 $Z(n)$，如式 (2.2) 所示：

$$X_{oeba}(n) = S(n) + Z(n)$$
$$= A(n)\cos(\omega n + P(n)) + Z(n) \qquad (2.2)$$

其中，$A(n)$ 和 $P(n)$ 分别 $S(n)$ 的幅度和相位。

（2）将 $X_{oeba}(n)$ 乘以 $e^{-i\omega n}$ 按照式 (2.3) 进行变换。从而将中心频率 ω 的信号在频域上移动到频率 0；

$$\begin{aligned}Y(n) &= X_{oeba}(n)e^{-i\omega n}\\ &= (A(n)\cos(\omega n + P(n)) + Z(n))e^{-i\omega n}\\ &= \frac{1}{2}A(n)e^{iP(n)} + \frac{1}{2}A(n)e^{-i(2\omega n + P(n))} + Z(n)e^{-i\omega n}\end{aligned} \qquad (2.3)$$

（3）对上述得到的结果进行线性带通滤波（巴特沃斯滤波器，$-\omega \sim \omega$；衰减斜率 48 dB/octave）且无相位漂移，删除频率大于或等于 ω 的成分，即删除式 (2.3) 第二和第三项，从而得到下式 (2.4)；

$$Y'(n) = \frac{1}{2}A(n)e^{iP(n)} \qquad (2.4)$$

（4）由式 (2.4) 可以得到式 (2.5)，式中 image 代表复数的虚部，real 代表复数的实部；

$$\begin{aligned}A(n) &= 2\,|Y'(n)|\\ P(n) &= \tan^{-1}\left[\frac{\text{imag}(H)}{\text{real}(H)}\right]\\ \text{s.t.}\quad H &= \frac{Y'(n)}{|Y'(n)|}\end{aligned} \qquad (2.5)$$

（5）得到中心频率为 ω 的复数时间序列 $A(n)\cos(\omega n + P(n))$。

根据各脑波振荡频率范围的最小值和最大值，确定中心频率 ω，即为最大值和最小值的平均值（如表 2.1 所示）。应用 CD 方法并设置不同的中心频率（ω）

表 2.1 各脑波振荡计算的中心频率及半带宽

脑波振荡	ω	BW
δ(1~4 Hz)	2.5 Hz	1.5 Hz
θ(4~8 Hz)	6 Hz	2 Hz
$\alpha 1$(8~10 Hz)	9 Hz	1 Hz
$\alpha 2$(10~13 Hz)	11.5 Hz	1.5 Hz
$\beta 1$(13~20 Hz)	16.5 Hz	3.5 Hz
$\beta 2$(20~30 Hz)	25 Hz	5 Hz

及带通滤波半带宽（Bandwidth，BW）获得一个实验者第 k 个电极脑电信号 $X_{oeba}(n)$ 中心频率为 ω 对应脑波振荡的复数时间序列为 $X_{oeba\omega}(n)$。

2.2.6 非注意状态下情感信息的事件相关去同步化和同步化的 UAEI-ERD 计算方法

本节提出采用 UAEI-ERD/ERS 方法 2.5 计算每个实验者的每个电极的脑电数据各脑波振荡在不同 UAEI 条件下（高兴面孔作为偏差刺激——12，高兴面孔作为标准刺激——13，悲伤面孔作为偏差刺激——22，悲伤面孔作为标准刺激——23）各频段的时域能量相对于参考段的能量变化，同时包含锁相和非锁相的变化。算法首先计算脑电信号的能量，然后，为了使时域能量样本数据平滑并且减少不确定性，对不同条件下所有实验的能量进行叠加平均。最后计算 UAEI-ERD 计算指标，刺激产生前的 −50~0 ms 作为参考段（R），测试段为刺激产生后的 0~400 ms。根据算法 2.5 的计算过程，正的 UAEI-ERD 表示频域能量的减少，负的 UAEI-ERD(即 UAEI-ERS) 表示能量的增加。该方法的计算时间复杂度为 $O(n)$，具有高效的时间特性。

2.2.7 振荡的 UAEI-ERD 指标统计分析方法

对于每个实验者的 UAEI-ERD 计算指标，根据其波形和峰值，每个脑波振荡的 UAEI-ERD 被分成不同的时间段。针对每个时间段，计算每个电极的平均 UAEI-ERD 值用于统计分析。

统计分析基于被试内因子模型（within-subject factorial models），通过 SPSS 软件编写程序进行统计分析。每个被试的每个时间段的对应电极的平均 UAEI-ERD 值通过 5 因素重复测量方差（Analysis of variance，ANOVA）进行分析：**Facial Expression**(happy, sad) × **Stimulus Type**(standard, deviant) × **Hemisphere**(left, right) × **Brain Area**(frontal, central, parietal-occipital) × **Electrode Site**(1,2,3,4,5,6)。6 个单独的脑区（左额区、右额区、左中央区、右中央区、左顶枕区和右顶枕区）通过 3 因素 ANOVA 进行分析：**Facial Expression**(happy, sad) × **Stimulus Type**(standard, deviant) × **Electrode Site**(1,2,3,4,5,6)，如图 2.6 所示。

使用 Mauchly 测试检验被试内因子的球形 (Sphericity) 条件，即实验条件之间差异的变化是相等的。如果不满足球形条件，当通过球形检验估计的 ε 值大于 0.75，使用 Huynh-Feldt 修正调整自由度，而当 ε 值小于 0.75，使用

算法 2.5 UAEI-ERD 计算方法 (Unattended Emontional Information-Evented-Related Desynchronization/Synchronization)

Input: 一个实验者第 k 个电极频率为 ω 的脑电信号 $X_{oeba\omega}(n)$,包括 N 次实验的脑电数据: $X_{1oeba\omega}(n), X_{2oeba\omega}(n), \cdots, X_{Noeba\omega}(n)$,以及每次实验对应的刺激事件码序列 $E(E_1, E_2, \cdots, E_N)$;

Output: 各刺激条件下 $X_{oeba\omega}(n)$ 的脑电信号的 UAEI-ERD 计算指标,$UAEI\text{-}ERD_{12}(n), UAEI\text{-}ERD_{13}(n), UAEI\text{-}ERD_{22}(n), UAEI\text{-}ERD_{23}(n)$;

1: $UAEI\text{-}ERD_{12}(n) \leftarrow 0$,
   $UAEI\text{-}ERD_{13}(n) \leftarrow 0$,
   $UAEI\text{-}ERD_{22}(n) \leftarrow 0$,
   $UAEI\text{-}ERD_{23}(n) \leftarrow 0$,
   $R_{12} \leftarrow 0, R_{13} \leftarrow 0$,
   $R_{22} \leftarrow 0, R_{23} \leftarrow 0$,
   $Power(n) \leftarrow 0$,
   $AveragePower_{12}(n) \leftarrow 0$,
   $AveragePower_{13}(n) \leftarrow 0$,
   $AveragePower_{22}(n) \leftarrow 0$,
   $AveragePower_{23}(n) \leftarrow 0$;
2: **for** i = 1 to N **do**
3:    **for** j = −50 to 400 **do**
4:       $Power_i(n) \leftarrow X_{ioeba\omega}(j) * X_{ioeba\omega}(j)$;
5:       $j \leftarrow j + 2$;
6:    **end for**
7: **end for**
8: **for** i = 1 to N **do**
9:    $AveragePower_{E_i}(n) \leftarrow AveragePower_{E_i}(n) + Power_i(n)$;
10: **end for**
11: **for** i = −50 to 0 **do**
12:    $R_{E_i} \leftarrow R_{E_i} + AveragePower_{E_i}(n)$;
13:    $i \leftarrow i + 2$;
14: **end for**
15: $R_{E_i} \leftarrow R_{E_i}/25$;
16: **for** j = −50 to 400 **do**
17:    $UAEI\text{-}ERD_{E_i}(j) = ((R_{E_i} - AveragePower_{E_i}(n))/R_{E_i}) * 100$;
18:    $i \leftarrow i + 2$;
19: **end for**

Greenhouse-Geisser 修正调整自由度。如果一个因素存在两个或更多水平的主效应,采用 Bonferroni 测验进行 Post-hoc 分析。如果因素之间存在交互效应,通过执行简单效应分析观察一个因素在其他因素不同水平上的效应(表 2.2)。

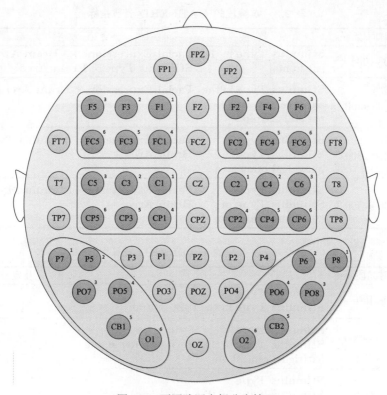

图 2.6 不同脑区电极分布情况

表 2.2 各脑波振荡计算的中心频率及半带宽

脑波振荡	ω	BW
δ(1~4 Hz)	2.5 Hz	1.5 Hz
θ(4~8 Hz)	6 Hz	2 Hz
$\alpha1$(8~10 Hz)	9 Hz	1 Hz
$\alpha2$(10~13 Hz)	11.5 Hz	1.5 Hz
$\beta1$(13~20 Hz)	16.5 Hz	3.5 Hz
$\beta2$(20~30 Hz)	25 Hz	5 Hz

2.3 实验结果及分析

各种条件下目标刺激检测的正确率均为 90% 以上，表明了实验者有较高的注意水平。表 2.3～表 2.8 分别显示了每个脑波振荡的 UAEI-ERD 计算指标的详细统计结果。

表 2.3 δ 频段的 UAEI-ERD 计算指标

频段	时间段/ms	主效应	交互效应
δ	0~100	Stimulus Type in the left frontal	Facial Expression × Brain Area × Stimulus Type × Brain Area
	100~200	Stimulus Type in the right central and left parietal-occipital	Facial Expression × Brain Area
	200~300	Stimulus Type Stimulus Type in individual brain area	Facial Expression × Stimulus Type × Brain Area
	300~400	Stimulus Type Stimulus Type in individual brain area	Facial Expression × Stimulus Type × Brain Area

表 2.4 θ 频段的 UAEI-ERD 计算指标

频段	时间段/ms	主效应	交互效应
θ	0~100	Stimulus Type Stimulus Type in the right central	
	100~200	Stimulus Type Stimulus Type in the left (right) frontal, the left(right) central	
	200~300	Stimulus Type Stimulus Type in the left (right) frontal, the left(right) central, and the left parietal-occipital	
	300~400	Stimulus Type Stimulus Type in the left (right) frontal, the left(right) central, and the left parietal-occipital	

表 2.5 $\alpha1$ 频段的 UAEI-ERD 计算指标

频段	时间段/ms	主效应	交互效应
$\alpha1$	0~100	Brain Area	
	100~250	Brain Area	
	250~400	Brain Area	

2.3.1 δ 频段的 UAEI-ERD 计算指标

根据 δ 频段波形特征，分成四个时间窗（0~100 ms, 100~200 ms, 200~300 ms 和 300~400 ms）进行统计分析。如图 2.7 所示，0~150 ms 出现 UAEI-ERD 计算指标，而 UAEI-ERS 计算指标在接下来的 150~400 ms 出现。

表 2.6 α2 频段的 UAEI-ERD 计算指标

频段	时间段/ms	主效应	交互效应
α2	0~100	Facial Expression Brain Area Hemisphere Facial Expression in the left central	
	100~250	Brain Area	Facial Expression × Stimulus Type in the right parietal-occipital
	250~400		Brain Area × Hemisphere

表 2.7 β1 频段的 UAEI-ERD 计算指标

频段	时间段/ms	主效应	交互效应
β1	50~150		
	150~250	Facial Expression in the right central, the left(right) parietal-occipital	Facial Expression × Brain Area
	250~300	Stimulus Type in the left central	Facial Expression × Stimulus Type × Brain Area
	300~350	Facial Expression in the left parietal-occipital	Facial Expression × Stimulus Type × Brain Area
	350~400	Facial Expression	Facial Expression × Stimulus Type × Brain Area

表 2.8 β2 频段的 UAEI-ERD 计算指标

频段	时间段/ms	主效应	交互效应
β1	50~150	Facial Expression in the left frontal	
	150~250		
	250~300		Facial Expression × Stimulus Type × Brain Area Expression × Stimulus Type in the left frontal (central)
	300~350	Facial Expression in the left frontal (central)	Facial Expression × Stimulus Type Facial Expression × Stimulus Type in the left central
	350~400	Stimulus Type in the left central	Facial Expression × Stimulus Type in the left central

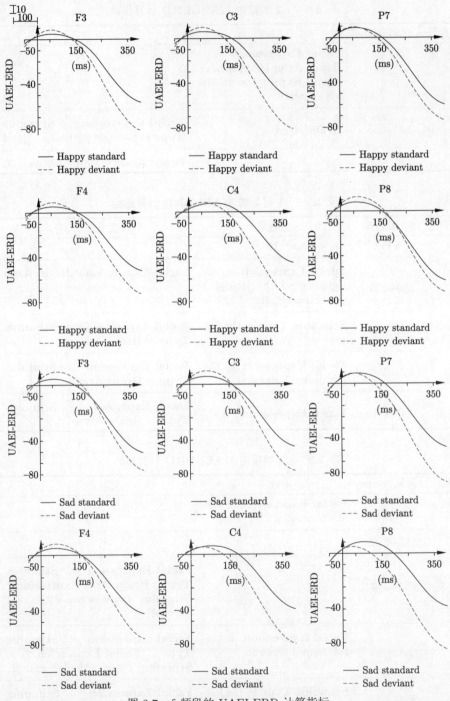

图 2.7 δ 频段的 UAEI-ERD 计算指标

通过 ANOVA 分析发现刺激后的 0~100 ms 有显著的交互效应 **Stimulus Type × Brain Area**（$F(1.396, 18.147) = 4.449, p = 0.038$），表现为在额区，偏差刺激的 UAEI-ERD 计算指标（8.445）大于标准刺激的 UAEI-ERD 计算指标（5.118）。接下来的分析表明，脑区之间 UAEI-ERD 计算指标的差异只对标准刺激来说是显著的，即标准刺激出现时，在顶枕区有最大的 UAEI-ERD 计算指标出现（8.707）。另外，交互效应 **Facial Expression × Brain Area**（$F(2, 26) = 5.082, p = 0.014$）在 0~100 ms 也是显著的，表现为只有在出现高兴表情时，实验者的脑区才会有显著的 UAEI-ERD 计算指标的差异（$p = 0.004$），在顶枕区有最大的 UAEI-ERD 计算指标（9.109）。单独的脑区的统计分析表明在左额区存在 **Stimulus Type** 的主效应（$F(1, 13) = 12.061, p = 0.004$），表现为偏差刺激的 UAEI-ERD 计算指标（8.987）显著大于标准刺激的 UAEI-ERD 计算指标（5.001）。

在 100~200 ms，单独的脑区的 ANOVA 分析也表明了右中央区（$p = 0.048$）和左顶枕区（$p = 0.039$）**Stimulus Type** 的主效应，表现为标准刺激为 UAEI-ERD 计算指标，而偏差刺激为 UAEI-ERS 计算指标。

在 200~300 ms（$F(1, 13) = 11.710, p = 0.005$）和 300~400 ms（$F(1, 13) = 14.449, p = 0.002$）时间段都存在 **Stimulus Type** 主效应，表现为偏差刺激的 UAEI-ERS 计算指标比标准刺激的 UAEI-ERS 计算指标更大。

在 200~300 ms（$F(1, 13) = 11.710, p = 0.005$）和 300~400 ms（$F(1, 13) = 14.449, p = 0.002$），单独的脑区的 ANOVA 分析也表明在 6 个独立脑区有 **Stimulus Type** 的主效应，表现为偏差刺激的 UAEI-ERS 计算指标比标准刺激的 UAEI-ERS 计算指标更大。另外，在 200~300 ms（$F(2, 26) = 4.366, p = 0.023$）和 300~400 ms（$F(2, 26) = 3.811, p = 0.035$），ANOVA 分析还发现显著的交互效应 **Facial Expression × Stimulus Type × Brain Area**，表现为实验者对于悲伤表情反应时，额区、中央区和顶枕区偏差刺激的 UAEI-ERS 计算指标显著大于标准刺激的 UAEI-ERS 计算指标。进一步分析表明，实验者在 300~400 ms 对于高兴表情反应时，额区（$p = 0.031$）、中央区（$p = 0.045$）偏差刺激的 UAEI-ERS 计算指标显著大于标准刺激的 UAEI-ERS 计算指标。

2.3.2 θ 频段的 UAEI-ERD 计算指标

根据 θ 频段波形特征，分成四个时间窗（0~100 ms, 100~200 ms, 200~300 ms 和 300~400 ms）进行统计分析。如图 2.8 所示，可以看出有显著的

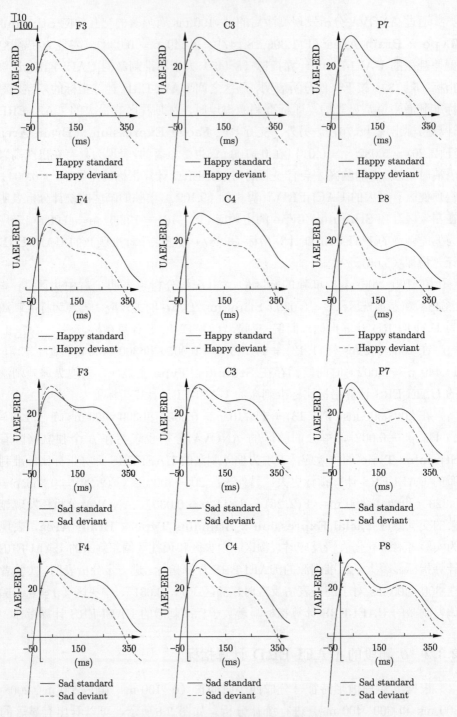

图 2.8 θ 频段的 UAEI-ERD 计算指标

UAEI-ERD 计算指标，并且在波形图中有两个峰值：第一个出现在 40~60 ms，第二个出现在 210~250 ms。

在时间段 0~100 ms（$F(1,13) = 5.429, p = 0.037$），100~200 ms（$F(1,13) = 9.201, p = 0.010$），200~300 ms（$F(1,13) = 8.929, p = 0.010$），存在 **Stimulus Type** 的主效应，表现为偏差刺激的 UAEI-ERD 计算指标显著小于标准刺激的 UAEI-ERD 计算指标。在时间段 300~400 ms（$F(1,13) = 10.009, p = 0.007$）也存在 **Stimulus Type** 的主效应，表现为偏差刺激为 UAEI-ERS 计算指标，而标准刺激为 UAEI-ERD 计算指标。

另外，单独的脑区的 ANOVA 分析也表明在 6 个独立脑区有 **Stimulus Type** 的主效应（$p<0.05$），即左（右）额区（100~200 ms，200~300 ms，300~400 ms），左中央区 (100~200 ms，200~300 ms，300~400 ms)，右中央区 (0~100 ms，100~200 ms，200~300 ms 和 300~400 ms)，左顶枕区 (200~300 ms 和 300~400 ms)，表现为偏差刺激的 UAEI-ERD 计算指标比标准刺激的 UAEI-ERS 计算指标更小。

2.3.3 $\alpha 1$ 频段的 UAEI-ERD 计算指标

根据 $\alpha 1$ 频段波形特征，分成三个时间窗（0~100 ms，100~250 ms 和 250~400 ms）进行统计分析。如图 2.9所示，波形图中大约在 200 ms 有一个显著的 UAEI-ERD 峰。

应用在每个时间窗的 ANOVA 分析显示 **Brain Area** 主效应（$p < 0.05$），在额区有最大的 UAEI-ERD 计算指标。Post-hoc 分析表明 **Brain Area** 主效应是由于在 0~100 ms，额区和中央区存在显著的 UAEI-ERD 计算指标差异，以及在 100~250 ms 和 250~400 ms 额区和顶枕区存在显著的 UAEI-ERD 计算指标差。

2.3.4 $\alpha 2$ 频段的 UAEI-ERD 计算指标

根据 $\alpha 2$ 频段波形特征，分成三个时间窗（0~100 ms，100~250 ms 和 250~400 ms）进行统计分析。如图 2.10所示，波形图中大约在 82 ms 有一个显著的 UAEI-ERD 峰。

通过 ANOVA 分析发现刺激后的 0~100 ms 有显著的 **Facial Expression** 主效应（$F(1,13) = 5.618, p = 0.034$），表现为对高兴表情反应的 UAEI-ERD 计算指标（43.938）显著高于对悲伤表情反应的 UAEI-ERD 计算指标（41.675）。

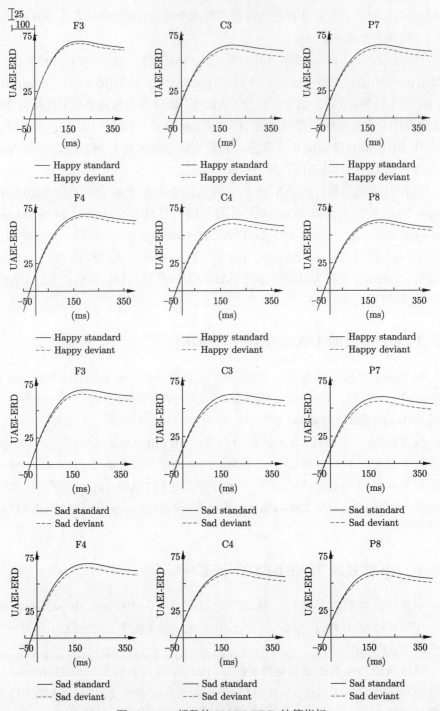

图 2.9 $\alpha1$ 频段的 UAEI-ERD 计算指标

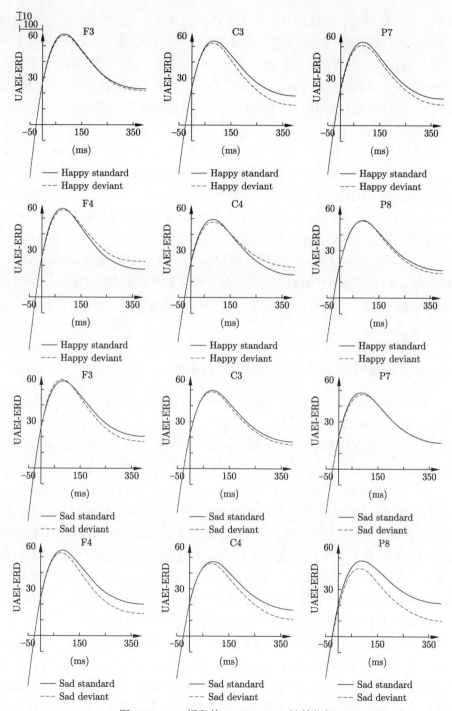

图 2.10 α2 频段的 UAEI-ERD 计算指标

另外，通过对单独的脑区的分析，发现在 0~100 ms，左中央区存在 Facial Expression 主效应（p = 0.010），也表现为对高兴表情反应的 UAEI-ERD 计算指标（43.785）显著高于对悲伤表情反应的 UAEI-ERD 计算指标（40.518）。在 0~100 ms 还发现了 Hemisphere 主效应（$F(1,13) = 16.334, p = 0.001$），表现为左半球的 UAEI-ERD 计算指标（43.609）显著高于右半球的 UAEI-ERD 计算指标（42.004）。

在时间段 0~100 ms（$F(2,26) = 20.467, p = 0.000$）和 100~250 ms（$F(2,26) = 6.552, p = 0.005$），有显著的 Brain Area 主效应，在额区有最大的 UAEI-ERD 计算指标，而在顶枕区有最小的 UAEI-ERD 计算指标。Post-hoc 分析表明 Brain Area 显著的 UAEI-ERD 计算指标差异来自于额区和中央区之间的差异以及额区和顶枕区之间的差异。

另外，在 100~250 ms，右顶枕区存在交互效应 Facial Expression × Stimulus Type（p = 0.045）；在 250~400 ms，存在交互效应 Brain Area × Hemisphere（p = 0.043）。但是，进一步应用简单效应分析没有在这些交互效应上发现显著性。

2.3.5 $\beta 1$ 频段的 UAEI-ERD 计算指标

根据 $\beta 1$ 的频段波形特征，分成五个时间窗（50~150 ms, 150~250 ms, 250~300 ms, 300~350 ms 和 350~400 ms）进行统计分析。如图 2.11 所示，波形图中有两个显著的 UAEI-ERD 峰值：第一个出现在 120~150 ms，第二个出现在 290~320 ms。

在 350~400 ms 发现 Facial Expression 主效应（$F(1,13) = 5.089, p = 0.042$），表现为实验者对高兴表情反应时产生的 UAEI-ERD 计算指标（6.270）显著高于对悲伤表情反应时产生的 UAEI-ERD 计算指标（0.413）。单独脑区的 ANOVA 分析也发现显著的发现 Facial Expression 效应（$p < 0.05$），分别是右中央区（150~250 ms），左顶枕区（150~250 ms, 300~350 ms），右顶枕区（150~250 ms），也表现为实验者对高兴表情反应时产生的 UAEI-ERD 计算指标显著高于对悲伤表情反应时产生的 UAEI-ERD 计算指标。

ANOVA 分析还发现在 250~300 ms（$F(1.350, 17.551) = 4.039, p = 0.050$）、300~350 ms（$F(1.327, 17.251) = 4.510, p = 0.039$），以及 350~400 ms（$F(1.339, 17.410) = 4.776, p = 0.034$）有显著的交互效应 Facial Expression × Stimulus Type × Brain Area。进一步的简单效应分析表明，实验者只有对高兴表情

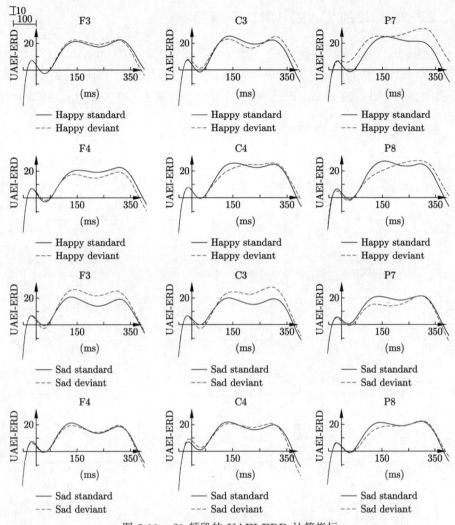

图 2.11 $\beta 1$ 频段的 UAEI-ERD 计算指标

反应时，在顶枕区才存在偏差刺激的 UAEI-ERD 计算指标显著高于标准刺激的 UAEI-ERD 计算指标（$p < 0.05$）。

150~250 ms 的时间段存在显著的交互效应 **Facial Expression× Brain Area**（$F(2,26) = 3.608, p = 0.041$），表现为在顶枕区（$p = 0.01$），实验者对于高兴表情反应产生的 UAEI-ERD 计算指标（24.813）显著高于对悲伤表情反应产生的 UAEI-ERD 计算指标（18.774）。

ANOVA 分析没有发现 50~150 ms 时间段有显著效应。

2.3.6　β2 频段的 UAEI-ERD 计算指标

根据 β2 的频段波形特征，分成五个时间窗（50~150 ms，150~250 ms，250~300 ms，300~350 ms 和 350~400 ms）进行统计分析。如图 2.12 所示，波形图中有两个显著的 UAEI-ERD 峰值：第一个出现在 130~150 ms，第二个出现在 320~350 ms。

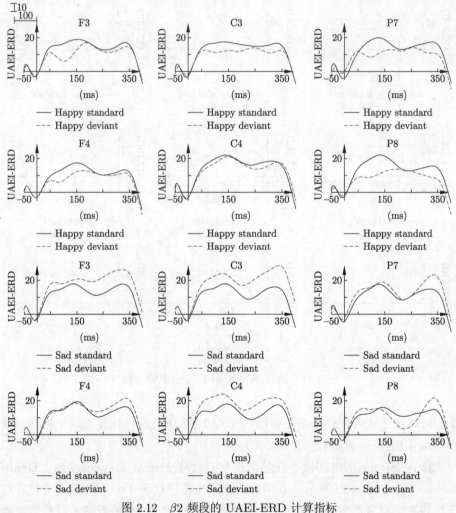

图 2.12　β2 频段的 UAEI-ERD 计算指标

单独脑区的 ANOVA 分析表明在左额区（50~150 ms，300~350 ms）和左中央区（300~350 ms）存在 **Facial Expression** 的主效应，表现为实验者对

悲伤表情反应时产生的 UAEI-ERD 计算指标显著高于对高兴表情反应时产生的 UAEI-ERD 计算指标。

ANOVA 分析还发现在 250~300 ms（F(2,26)=3.644, p=0.040）有显著的交互效应 **Facial Expression × Stimulus Type × Brain Area**。进一步的简单效应分析表明，实验者只有对高兴表情反应时，在顶枕区才存在偏差刺激的 UAEI-ERD 计算指标显著高于标准刺激的 UAEI-ERD 计算指标（p < 0.05）。进一步的简单效应分析表明，实验者只有对悲伤表情反应时，在中央区才存在偏差刺激的 UAEI-ERD 计算指标显著高于标准刺激的 UAEI-ERD 计算指标（p < 0.05）。

另外，在以下脑区发现显著的交互效应 **Facial Expression × Stimulus Type**：左额区（250~300 ms），左中央区（250~300 ms，300~350 ms 和 350~400 ms）以及全脑区（300~350 ms）。进一步的简单效应分析也表明，实验者只有对悲伤表情反应时，才存在偏差刺激的 UAEI-ERD 计算指标显著高于标准刺激的 UAEI-ERD 计算指标（p < 0.05）。

ANOVA 分析没有发现 150~250 ms 时间段有显著效应。

2.4　UAEI 的认知控制的工作机制

本文的研究目的是发现 UAEI 认知控制加工相关的计算指标。针对 UAEI 认知控制加工相关的计算指标还很少，尤其是没有相关脑波振荡的计算指标的问题，提出 UAEI 的认知控制检测的计算指标研究方法。从而，该研究可以检测用户非注意认知控制条件下的情感状态，应用于情感脑机接口、认知控制能力全面评估等。正如我们的假设，UAEI-ERD/ERS 计算指标受到周围语义面孔表情信息的调制。只有 δ 频段有明显的 UAEI-ERS 计算指标，偏差刺激的 UAEI-ERS 计算指标显著大于标准刺激的 UAEI-ERS 计算指标。而对于 θ 频段，偏差刺激相比于标准刺激引起更小的 UAEI-ERD 计算指标。从实验结果看，面孔表情主要调制 $\alpha2$ 频段，$\beta1$ 频段，$\beta2$ 频段相关的 UAEI-ERD 计算指标。对于 $\alpha2$ 频段，发现实验者对于高兴表情反应的 UAEI-ERD 计算指标显著高于悲伤表情。在 $\beta1$ 频段发现两个重要的结果。第一，实验者对于高兴表情反应的 UAEI-ERD 计算指标显著高于对于悲伤表情反应的 UAEI-ERD 计算指标；第二，实验者只对高兴表情反应时，偏差刺激的 UAEI-ERD 计算指标显著大于标准刺激的 UAEI-ERD 计算指标。令人兴奋的是，在 $\beta2$ 频段发现了对应的结果。第一，实验者对于悲伤表情反应的 UAEI-ERD 计算指标显著高于对于高兴表情反应的 UAEI-ERD 计算指标；第二，只对于悲伤表情，偏差刺激的 UAEI-ERD 计算指标显著大于标准刺激的 UAEI-ERD 计算指标。因此，本研究发现不同脑波振荡分别在处理非注意认知控制条件下面孔表情信息的 UAEI-ERD 计算指标。

在当前研究中，我们使用偏差-标准反转 Oddball 实验范式，实验过程中，两种刺激出现概率发生翻转[176]。使用这个实验范式，Jaconbsen 获得了非注意认知控制条件下真正的、持续的事件相关电位——MMN，并且证明了实验者在非注意认知控制条件下可以自动地检测声音持续过程的偏差。实验过程中，实验者要求盯住视野的中心，尽可能正确地检测固定位置"+"号的大小的变化，因此忽略了"+"号两边出现的同样的面孔。使用相似的实验设计，Stefanics 等研究非注意认知控制条件下的 EMMN 计算指标。为了减少真实面孔相关联的差异信息，与 Stefanics 所使用刺激的不同的是，我们使用语义悲伤/高兴面孔作为实验刺激。因此，本研究从实验范式的选择、实验过程的设计、刺激材料的选择保证了实验者在非注意认知控制条件下能够对情感信息进行处理。

许多研究已经证明实验者在注意认知控制条件下其脑波振荡与面孔表情处理之间有关联。但是，几乎没有研究揭示非注意认知控制条件下脑波振荡与面孔表情处理之间有关联。虽然 EMMN 计算指标能够表明非注意认知控制条件下实验者对于面孔表情的自动处理，但 EMMN 计算指标混叠了几种脑电节律，不能真实地反应脑波振荡成分。一些研究提出了各脑波振荡能够反应处理面孔表情信息的细微变化[128,130,181]。因此，本研究扩展了上述研究，提出了研究人脑非注意认知控制条件下脑波振荡处理情感信息相关计算指标的方法。从实验结果可以看出，该方法提出的 UAEI-ERD/ERS 的计算指标能够有效表征实验者在非注意认知控制条件下对于情感信息的加工处理。各频段脑波振荡在非注意认知控制条件下对于面孔情感信息的加工机制如下。

2.4.1 δ 频段参与表情内容的初始更新

非注意认知控制条件下面孔表情加工过程中，在 150~400 ms 发现 δ 振荡的 UAEI-ERS 计算指标。这个结果与实验者主动观看面孔表情刺激[130] 或实验者被动观看 IAPS（国际情绪图片系统）图片[182] 后发现 δ 能量的同步的结果一致。在经典的 Oddball 实验范式中，δ 频段的幅度通常被认为是增加的[130,141]。Balconi 和 Pozzoli 认为 δ 频段有刺激评估和记忆更新的功能需要[130]。在非注意认知控制条件下 δ 频段相关的 UAEI-ERD/ERS 计算指标反映了面孔表情的更新。因此，δ 频段的同步活动能监控面孔表情的变化（悲伤或高兴）。此外，本研究还发现了之前研究没有发现的 0~150 ms 的 UAEI-ERD 计算指标。该生物指标产生的原因是在反转 Oddball 实验中需要对不同刺激类型（标准和偏差）进行识别。偏差刺激的 UAEI-ERD/ERS 计算指标显著大于标准刺激表明 δ 频段的活动与偏差刺激的处理有关。另外，对于高兴面孔和悲伤面孔，偏差刺激的 UAEI-ERS 计算指标都显著大于标准刺激的 UAEI-ERS 计算指标，表明 δ 频段参与了两种面孔表情的初始的更新处理，但是没有区别高兴表情和悲伤表情的差异。

2.4.2 θ 频段参与刺激类型的识别

350 ms 之后主要是 ERS 计算指标，这与之前的一些研究结论相同[130-131,181]。0~350 ms 发现的 UAEI-ERD 计算指标是之前研究没有发现的。情感刺激、意识的参与程度以及实验过程和分析方法导致本研究可以发现新的结果。Klimesch 认为来源于海马皮层反馈回路的 θ 频段反映了对新信息的编码[133]。θ 频段的 UAEI-ERD 计算指标可能与对周围面孔表情的自动抑制有关联，阻止注意资源不必要地分配给那些刺激。由实验结果可以看出，对标准的抑制比偏差要大。换句话说，θ 频段会分配更多注意资源给偏差刺激。因此，θ 频段的主要作用是区分面孔表情的刺激类型。

2.4.3 α 频段参与工作记忆

在非注意认知控制条件下发现对面孔表情加工相关的低频 $\alpha 1$ 频段（8~10 Hz）的 UAEI-ERD 计算指标和高频 $\alpha 2$ 频段（10~13 Hz）的 UAEI-ERD 计算指标与之前研究在注视面孔表情情况下发现的 $\alpha 2$ 频段的 UAEI-ERD 计算指标一致[130,183-185]。对于 $\alpha 1$ 频段（0~400 ms）和 $\alpha 2$ 频段（0~250 ms），本研究发现相比于中央脑区和顶枕区，前额区有最大的 UAEI-ERD 计算指标。和 θ 的 UAEI-ERD 计算指标不同，α 频段的 UAEI-ERD 计算指标通常被认为与皮层的激活有关，反映了抑制的逐渐释放，与复杂的认知过程的出现有关[133]。低频 α 的去同步化指标与注意过程有关[133,141,186]，而高频 α 的去同步化指标与记忆和语义处理需要有关[133,142]。在非注意认知控制条件下面孔表情加工过程中，$\alpha 1$ 频段的作用是持续注意刺激——屏幕中央的"+"，忽略周围面孔表情；而 $\alpha 2$ 频段则与工作记忆有关。为了处理周围的面孔表情，$\alpha 2$ 频段的 UAEI-ERD 计算指标反映了关于情感记忆的语义信息的提取。因此，非注意认知控制条件下面孔表情的处理是前注意和自动的机制，需要在语义信息层工作，$\alpha2$ 频段的 UAEI-ERD 指标反映了语义记忆系统的激活。

$\alpha1$ 频段和 $\alpha2$ 频段的去同步化指标也表明前额区在非注意认知控制过程中比中央区和顶枕区更多地参与认知工作。$\alpha2$ 频段在左中央脑区对于高兴表情反应的 UAEI-ERD 计算指标（0~100 ms）显著大于悲伤表情反应的 UAEI-ERD 计算指标，这个结果和已有的经典结论一致，即左脑参与正面情绪加工，而右脑参与负性情绪加工[187]。另外，**Hemisphere** 的主效应发现了左脑区的 UAEI-ERD 计算指标显著大于右脑区。已有研究证明了左右脑叶参与情感刺激的效价分辨[181]。也有研究认为左脑可能是有"情绪的"[188]。因此，本研究提出左脑区在非注意认知控制条件下也参与面孔表情的加工。

2.4.4 β 频段参与面孔表情的自动识别加工

β 频段通常在运动任务过程中去同步化，而在移动后同步化。因此，UAEI 的认知控制的处理是基于感知运动模拟机制，可能导致 β 频段产生 UAEI-ERD 计算指标。

最重要的发现是：$\beta1$ 频段对于高兴表情有更显著的 UAEI-ERD 计算指标，而 $\beta2$ 频段对于悲伤表情有更显著的 UAEI-ERD 计算指标。在非注意认知控制条件下 $\beta1$ 频段和 $\beta2$ 频段的差异性可以表征面孔表情（高兴 vs. 悲伤）的不同处理过程。可以得出结论，$\beta1$ 频段与高兴表情的加工机制有关，而 $\beta2$ 频段与悲伤表情的加工机制有关。另外，相关 UAEI-ERD 计算指标与左侧脑区相关，这与情感信息的语义加工有关。因此，本书提出对于 UAEI 的认知控制加工的计算指标，$\beta1H_{UAEI-ERD}$（UAEI-ERD of $\beta1$ for happy expression）与高兴表情加工有关，而 $\beta2S_{UAEI-ERD}$（UAEI-ERD of $\beta2$ for sad expression）与悲伤表情加工有关。与其他认知控制实验得到的计算指标相比，本书首次发现了整个 β 频段能够在非注意认知控制条件下对面孔表情进行识别。计算指标 $\beta1H_{UAEI-ERD}$ 和 $\beta2S_{UAEI-ERD}$ 可以更准确地检测人脑对 UAEI 的认知控制情况。

2.5 本章小结

本章针对人脑在非注意情况下的听觉、视觉以及情感通道认知控制相关计算指标存在的问题，首次提出 UAEI 的认知控制检测的计算指标完整研究方法。该方法首先设计了 UAEI 认知控制的实验范式。然后对采集得到的脑电数据进行自适应脑电数据预处理，并采用 CD 方法解调各频段脑波振荡。接下来，提出采用 UAEI-ERD/ERS 方法计算每个实验者的每个电极的脑电数据各脑波振荡在不同 UAEI 条件下计算指标。最后，通过多因素重复测量方法对振荡指标进行统计分析。通过对实验结果进行分析比较，我们首次建立了人脑认知控制系统在非注意情况下加工情感信息的完整的计算指标以及工作机制。人脑认知控制系统在非注意情况下加工情感信息的完整的工作机制如下：δ 频段和 θ 频段主要用于更新周围面孔表情信息并区别刺激的类型（标准刺激 vs. 偏差刺激）；$\alpha 1$ 频段主要表征认知控制系统完成当前的任务，而 $\alpha 2$ 频段反映了在线工作，对于周围面孔表情中的情感相关的语义信息进行提取；计算指标 $\beta 1 H_{\text{UAEI-ERD}}$ 和 $\beta 2 S_{\text{UAEI-ERD}}$ 反映了 $\beta 1$ 频段和 $\beta 2$ 频段通过 $\alpha 2$ 频段获得的工作记忆相关的情感语义信息分别加工识别高兴表情和悲伤表情。研究结果也强调了各脑波振荡相关的 UAEI-ERD/ERS 计算指标可以在人脑非注意认知控制条件下对面孔表情进行自动处理。因此，本章给出了非注意认知控制条件下处理面孔表情过程中每个脑波振荡的贡献，相关计算指标可用于解决人脑非注意状态下情感信息认知控制的评测问题。

  本章的研究工作也为从脑电信号中识别情感状态提供了实验范式、生物指标等，为情感脑机接口的应用提供了研究基础。同时，非注意非听觉通道认知控制的研究为后续研究人脑听觉通道前注意认知控制工作的开展提供了研究基础（实验范式设计、数据处理方法等）。

第 3 章 注意状态下听觉认知控制的计算指标及工作机制研究

3.1 引　言

人脑认知控制的准确工作机制的解释是认知科学最令人感兴趣的挑战之一。其中的关键问题是认知控制工作机制的时域过程[19,70,75]。上一章主要讲述从非注意条件下认知控制相关的计算指标及工作机制，这一章主要研究注意条件下，尤其是注意的早期阶段（前执行阶段，Pre-execution Stage）的人脑认知控制相关的计算指标及工作机制。

3.1.1　注意条件下认知控制实验范式

注意条件下最常用的认知控制实验范式为 Stroop 范式。该范式是认知控制和冲突监控研究领域的一个重要实验[57,60,117–118,189–190]。Stroop 效应，由 John Ridley Stroop 命名，所指现象为：给实验者呈现色-词，并让他们对颜色命名。结果发现，相比于一致实验（如黑色写的"黑"），实验者对于不一致实验（如黑色写的"红"）的反应速度变慢和正确率变低[50]。不一致刺激包括由不同颜色和语义构成的词，而一致刺激包括颜色和语义对应的词。类似于原始的 Stroop 效应，已有研究提出了许多扩展的 Stroop 范式，如听觉 Stroop 范式[191]、情感 Stroop 范式[192]、空间 Stroop 范式[54]等。除了经典的研究领域，如注意、认知、语言等。近些年的研究还将 Stroop 效应应用到其他应用领域，如记忆[190]、成瘾[37]、情绪[52]等。Stroop 范式的扩展应用表明认知控制是涉及多方面表现的人脑执行系统核心功能，并且这个功能可以很好地通过 Stroop 范式的研究来揭示。从 1975 年开始，由于听觉和视觉通道之间的巨大差异，听觉 Stroop 效应的认知控制机制研究开始吸引了更多人的注意。在经典的听觉认知控制 Stroop 任务中,实验者被要求对语音刺激的声音属性进行反应,忽略语义信息[57]。和视觉认知控制的实验相比,听觉认知控制实验消除了词语形状的效应。

3.1.2 注意条件下认知控制的计算指标

Liotti[65]、Markela-Lerenc[118] 和 West[117] 已经在他们的视觉 Stroop 研究中得到了认知控制相关的 ERP 计算指标。进一步,Larson 和他的同事[116] 运用序列分析观察到了这些 ERP 计算指标的短时记忆效果,发现晚期的慢波成分(代表冲突解决阶段)表明了显著的序列效应,而 450 ms 的成分(N450,来源于冲突探测阶段的 ACC)没有这个效果。这些结果表明,相比于 N450,晚期的慢波成分和冲突监控或冲突适应有更高的关连。虽然这些不同实验条件下认知控制相关的 ERP 计算指标(如 100 ms 和 200 ms 的早期成分,300 ms 后的成分和慢波成分),同时这些之前的研究利用经典的视觉认知控制 Stroop 实验已经揭示了这种效应和晚期的冲突干扰效果以冲突调节的关系,但是在某种程度上感知效应可能被忽视了。

有几个听觉 Stroop 的研究试图刻画类似于视觉范式的认知控制机制。相应地,Hamers[58] 和 Cohen[59] 进行了听觉认知控制 Stroop 效应的行为学实验,并得出了和视觉版一样的结论:不一致听觉刺激导致反应时间延长和准确率降低。之后一系列行为学听觉 Stroop 研究也支持这个结论[57,189]。来自 fMRI 的证据也报道了同样的结果。例如,在视觉和听觉认知控制 Stroop 的 fMRI 研究证明在两个实验范式都存在相似的冲突相关的脑区。(例如:ACC、双侧额下回、前岛、顶叶)[72]。但是,很明显这些行为学或者低时域分辨率的研究不能清楚地证实认知控制机制的准确的时域动态过程。

由于更高的时间分辨率,ERP 研究可以获得更有价值和可靠的结果。虽然几个 ERP 研究已经被应用到听觉 Stroop 认知控制任务中,结果却显示了显著的不一致性,尤其是冲突探测阶段[57,60]。

据我们研究所知,只有两个使用听觉 Stroop 认知控制任务的 ERP 研究同时发现了认知控制的早期阶段和晚期阶段,提供了很少的证据支持跨模态的"冲突探测-冲突解决"机制。Donohue 和 Liotti[60] 在他们的听觉认知控制的研究中确认了"冲突探测-冲突解决"机制。他们发现了峰值在 300 ms 的早期 ERP 计算指标(称作 Ninc,200~500 ms),之后是 Late-SP 计算指标(Late Sustained Positivity,晚期持续的正波,从 500~800 ms),同时,提出这两个 ERP 计算指标分别对应之前视觉认知控制的研究中发现的 N450 和

Late-SP[65]。通过序列分析表明晚期阶段主要参与认知适应。另外一个由 Lew 开展的更早的研究[193]证明了认知控制 Stroop 干扰效应存在于感知过程和后感知（反应）过程。

遗憾的是，其他听觉 ERP 研究并没有发现完整的冲突探测-解决机制。例如，Buzzel 和他的同事[194]的研究证明了 Ninc 的幅度是由认知方式的个体差异可预见地调节，并且确认了 Ninc 计算指示了由听觉空间认知控制 Stroop 任务引起的听觉 Stroop 冲突。Henkin 和他的同事[57]发现早期的 N1 计算指标是通过认知控制调节，而他们的研究中没有发现显著的 SP(Sustained Positivity, 持续的正波) 计算指标。

听觉认知控制和视觉认知控制研究结果的显著差异是听觉 Ninc 或 N1 计算指标（被认作是冲突探测阶段）的潜伏期不同于视觉实验范式中发现的 N450 计算指标。Donohue 给出的听觉模型[60]表明认知控制过程通道之间的差异导致了 Ninc 的潜伏期比 N450 短 150 ms。另外，导致这一差异的原因可能是次级视觉皮层额外的处理延迟，或者是由于他们实验设计的本质，即：简单的两个选项[60]。同时，因为 N1 计算指标的调制（计算指标的变化）在其他以前的听觉任务研究中，被认为代表冲突探测[156,195]，所以 N1 计算指标也可能在听觉认知控制 Stroop 任务中存在。以前的视觉研究没有证明早期的调制（N1 或 Ninc 计算指标）参与到认知控制过程中，可能是由于视觉实验范式中颜色的更高的自动加工过程，或者是由于其他实验范式的局限。然而，考虑到 N1 和 Ninc 计算指标比 N450 计算指标发生得更早，听觉认知控制 Stroop 实验可能更适合测量认知控制和冲突监控相关的所有计算指标。

另外的争论是关于认知控制本身的早期阶段——以前的研究观察到不同的 ERP 计算指标表征冲突探测阶段。两个研究[57,193]报道了 N1 计算指标参与了冲突监控和认知控制机制，并给出证据支持这一观点，即 N1 的调制产生某种听觉通道的感知信号，用于实现在冲突解决前的冲突探测阶段。然而，其他研究[60]确认 Ninc 是冲突探测阶段的指标而不是 N1 计算指标。看起来听觉认知控制 Stroop 干扰即产生了 Ninc 计算指标，也产生了 N1 计算指标，但是没有在一个研究中同时被确认。

3.1.3 注意条件下认知控制的工作机制

基于认知控制相关计算指标，认知监控理论提出认知控制包括认知探测阶段和冲突解决阶段[10]。这个理论一定程度上反映了认知控制机制的时域过程，即探测阶段产生并传递信号到某个执行冲突解决的脑区，冲突解决阶段表示冲突解决的执行。可是，冲突在感知过程阶段产生的认知控制过程尚未清楚。虽然许多经典的视觉 Stroop 研究证明"认知监控理论"提出的冲突探测-解决机制，但却没有发现感知阶段的认知控制效应。一些研究通过视觉 Stroop 范式，并利用 fMRI、PET 的方法证实了 ACC[10,70-72]、MPFC、LPFC 和顶叶等参与了认知控制和冲突监控[75,196-197]。Kerns 发现 ACC 冲突相关的活动预测随后 PFC（Prefrontal Cortex，前额叶皮层）活动的增加和行为的调节，意味着在视觉 Stroop 效应中 ACC 的功能是冲突探测[19]。PET 和 fMRI 的研究已经证明了冲突探测-解决机制的存在。同时，多数使用 ERP 方法的研究使用经典的视觉认知控制实验也证明了对应的冲突监控理论。

可是，一个完整的认知控制过程在决策和反应之前，应该包括感知过程（包括直觉过程和确认过程）[198]。早期的 ERP 计算指标通常独立或联合反映这种感知过程。和经典的视觉认知控制的研究相比，听觉方面的研究表明认知控制能够更多地影响自动处理阶段[57,60]。

3.1.4 当前研究存在的问题及本章主要研究内容

总结起来，认知控制相关计算指标还不明确，以前的研究中认知控制和冲突监控机制还没有被很好地阐释。尤其是，听觉认知控制的具体过程和时域计算指标还需要深入研究和讨论。一方面，探究听觉 Stroop 任务的干扰效应将帮助我们获得更好地理解关于听觉和视觉通道进行认知控制的相似性和差异性，尤其是认知控制和冲突监控的前执行阶段。另一方面，为了探究认知控制是否影响早期的感知过程，有必要对听觉 Stroop 任务中早期的 ERP 计算指标的时域过程做进一步的分析。

本研究的主要目的是研究注意状态听觉冲突信息（AACI, Attentive Auditory Conflicting Information）认知控制的前执行阶段加工相关的计算指标及工作机制。为了确认"冲突探测-冲突解决"机制的存在和这种早期 ERP 计算指标的存在，本书对比了现在的研究和以前的研究。我们期望发现所有和认知控制相关的早期 ERP 计算指标，并且可以得出结论，即我们发现的听觉 Stroop 认知控制和其他语言版本的类似。进一步，我们希望确认认知控制机制的前执行阶段包含两个具体的探测阶段：一个感知阶段和一个确认阶段。最后，通过综合本文的研究和之前的研究，设计了更完整的听觉认知控制模型。

本研究的其他目的是关于听觉认知控制的语言因素，完善听觉认知控制的实验范式。除了广泛的英语语言研究，为了进行对比，有必要进行不同语言条件下的研究。在以前的研究中，Henkin 等通过使用希伯来语版认知控制 Stroop 实验，很好地补充了通常使用的英语版 Stroop[57]。和这些语言相比，听觉认知控制 Stroop 的东方语言版本（如汉语版本）几乎没有进行研究。汉语刺激的使用才刚刚开始，而且相关研究非常少。总之，相比于研究其他语言的听觉认知控制 Stroop 任务，研究汉语版的听觉认知控制 Stroop 任务中的早期感知 ERP 计算指标能够充分理解认知控制的机制。

在以前的研究中，比较关注的是一致和不一致条件的物理属性的差异可能潜在地引起早期感知 ERP 计算指标不同的调制。我们仔细地设计了一致和不一致集合。两个集合中对应条件都有相同的物理属性：两个词，每个词有两个音量，两个性别。因为在分别平均一致和不一致的实验后得到对应的 ERPs，然后通过减法得到两种条件下对应 ERPs 的差异，所以由底层物理属性引起的 ERP 效应将会完全消除。因此，任何 ERP 调制都是由于刺激类型（一致 vs. 不一致）的差异引起。另外，所有期望的 ERP 效应应该位于前额和中心区域，因为这些脑区被认为执行高阶执行功能。另外，本文的方法能够改进测量准确率：和已有研究相比，本研究通过采用更小的时间窗分析刺激开始后所有时间期间的平均脑电幅度，确保所有感兴趣的 ERP 计算指标的调制能够较好地被测量。

3.2 AACI 认知控制检测的计算指标研究方法

3.2.1 AACI 认知控制检测系统框架

AACI 的认知控制检测的计算指标研究方法的系统框架如图 3.1 所示，主要过程如下。

（1）建立 AACI 认知控制检测的实验范式：基于听觉 Stroop 范式，设计基于汉语预料的听觉认知控制 Stroop 范式，给实验者随机播放语音材料。

（2）脑电数据采集：通过脑电记录设备采集每位实验者在 AACI 认知控制的实验范式过程中的 EEG 数据，并记录存盘。

（3）脑电数据预处理：主要包括去除眼电、脑电分段、基线校正和自适应去除伪迹。

（4）计算 AACI-ERP 指标：提出采用 AACI-ERP（Attentive Auditory Conflicting Information Evented-Related Potential，注意状态下听觉冲突信息的事件相关电位）方法计算听觉认知控制脑电信号相关的计算指标。

（5）计算 AACI 认知控制相关的计算指标：提出 AACI 计算认知控制各个过程相关的计算指标的方法。

（6）AACI 认知控制相关的计算指标统计分析：采用统计分析方法对 AACI 认知控制相关的计算指标进行统计分析，发现认知控制各阶段（主要是前执行阶段）AACI-ERP 计算指标的针对不同语音材料（一致 vs. 不一致）差异的显著性，从而验证 AACI 认知控制相关的计算指标的正确性。

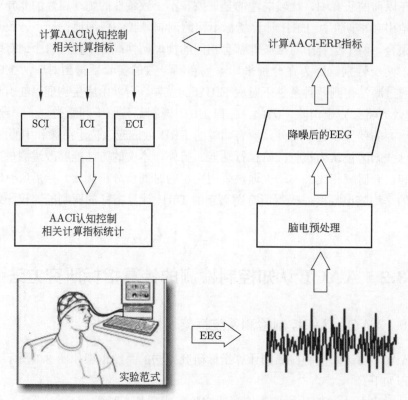

图 3.1　PACI 的认知控制检测的计算指标研究方法的系统框架

3.2.2　设计 AACI 认知控制的实验范式

1. 实验者

21 名来自哈尔滨工业大学的健康学生（10 名女性和 11 名男性；年龄：21~25 岁，平均年龄：22.8 岁）参加本次实验。所有实验者均为右利手，都没有神经方面的病史，听力和视力都正常。所有实验者都签署了参加本次实验的同意书。在遵照指令开始实验之前，每个实验者被告知整个实验任务的过程。实验后，实验者获得参加实验的相应报酬。

2. 语音刺激

语音刺激由两名说标准普通话的中国成人录制（一名男性和一名女性，目的是为了平衡性别因素）。所有的语音刺激进行均匀混合并一起进行展示。一致的语音刺激包括大声地读词/Da/（意为大声）和小声地读/Xiao/（意为小声）；不一致的语音刺激包括小声地读词/Da/（意为大声）和大声地读/Xiao/（意为小声）。低音量语音刺激和高音量语音刺激之间的音量差为 20 dB（低音量语音刺激比作为高音量语音刺激的原始记录低 20 dB）。这两个词有相似的发音结构和持续时间，在汉语日常用语中出现频率也相近。表 3.1 显示了主要的语音刺激材料的属性。听觉材料通过 AMD 高清音频设备声卡和 HiVi h5 音箱。为了避免两种刺激类型物理属性的差异对于早期知觉 ERP 计算指标的影响，一致和不一样语音刺激集合包含同样的物理属性（两个词，并且每个词有两个音量级、两类性别）。因此，实验设计已经平衡了两种语音刺激底层物理属性引起的 ERP 效应。

表 3.1 刺激列表

语音刺激 (语义)	性别	相对音量/dB	刺激类型
/Da/(大)	男	0	一致
/Da/(大)	男	−20	不一致
/Da/(大)	女	0	一致
/Da/(大)	女	−20	不一致
/Xiao/(小)	男	0	不一致
/Xiao/(小)	男	−20	一致
/Xiao/(小)	女	0	不一致
/Xiao/(小)	女	−20	一致

3. 实验过程设计

在一个安静、光线暗淡的实验室，实验者在戴上电极帽，并对相应电极导入导电膏之后，坐在舒服的椅子上，距离计算机显示器大约 60 cm。在任务过程中，操作指令在计算机屏幕上呈现，可以由 Presentation 15.0 自动进行控制。键盘距离实验者 30 cm。只使用两个键：向上按键 (↑) 和向下按键 (↓)。

在正式任务之前,实验者通过进行额外的较短的任务来熟悉语音的音量。然后,实验者进行休息。接下来,实验者通过指令要求向上按键 (↑) 开始实验任务。在实验任务过程中,实验者被要求盯住显示屏中心的"+"号,同时当听到听觉语音刺激时要求尽快做出反应。实验者需要确定语音刺激的音量,同时忽略词义,对于大音量向上按键 (↑),对于小音量向下按键 (↓)。

实验任务包括 320 次实验。四种刺激被音频放大器(< 60dB)等概率地随机播放。每个听觉语音刺激持续时间为 400 ms。同时为了消除实验者的适应性,两个语音刺激之间的间隔随机调整为 2000、2100、2200、2300 或者 2400 ms。

3.2.3 EEG 数据采集

采用美国 Neuro 公司(NeuroScan,Inc,Herndon,VA,USA)生产的 64 导脑电记录系统。按照国际 10-20 标准按放电极,每个实验者的脑电活动采用 64 个 Ag-AgCl 电极记录,如图 3.2 所示。参考电极位置于电极 Fz 和 Cz 之间(在数据处理过程中转换为左右乳突的平均值),同时,垂直眼电和水平眼电由两对电极进行记录,一个放在右眼的上面和下面,另外一个放置距离外侧眼角 10 mm 处。脑电放大采集系统设置如下:带通滤波(0.01~100 Hz),采样率(1000 Hz),电极阻抗(< 10 kΩ)。实验者的同步行为表现由 Presentation 15.0 进行记录。

图 3.2 NeuroScan 64 导电极记录

3.2.4 脑电数据处理方法

对采集得到的脑电数据进行离线数据处理。首先，通过脑电预览手动去除包含大的肌肉伪迹或有明显漂移的脑电数据。脑电数据处理的主要过程包括：

（1）去除眼电：参见算法 2.1。

（2）脑电分段：去除眼电后，对脑电信号进行分段，分为刺激开始前 100 ms 和刺激后 823 ms，具体过程详见算法 3.1。

算法 3.1 脑电分段 (EEG data Epoach)

Input: 一个实验者第 k 个电极预去除眼电后的脑电信号 $X_o(n)$，包括 N 次实验的脑电数据：$X_{1o}(n), X_{2o}(n), \cdots, X_{No}(n)$；

Output: 第 k 个电极脑电分段后的脑电信号 $X_{oe}(n)$，包括 N 次预处理后的实验的脑电数据：$X_{1oe}(n), X_{2oe}(n), \cdots, X_{Noe}(n)$；

1:   $X_{oeb}(n) \leftarrow 0, \text{avg} \leftarrow 0, \text{cnt} \leftarrow 0$;
2:   **for** i = 1 to N **do**
3:      **for** j = −50 to 0 **do**
4:          $\text{avg} \leftarrow \text{avg} + X_o(j)$;
5:          $\text{cnt} \leftarrow \text{cnt} + 1$;
6:          $j \leftarrow j + 2$;
7:      **end for**
8:      $\text{avg} \leftarrow \text{avg}/\text{cnt}$;
9:      $X_{oeb}(n) \leftarrow X_{oe}(n) - \text{avg}$;
10: **end for**

（3）基线校正：脑电分段后，为了消除脑电相对于基线的偏离，采用刺激前（−100∼0 ms）的时间段进行基线校正，具体过程请见算法 2.3。

（4）伪迹去除：基线校正后，由于眨眼、眼动、心电等信号对听觉脑电信号会产生影响，采用 AEADP 的方法（见算法 2.4）去除幅度较高的伪迹。

3.2.5 计算 AACI-ERP 指标方法

为了研究听觉认知控制的计算指标和机制，提出采用 AACI-ERP 方法计算听觉认知控制脑电信号相关的计算指标。具体过程如下。

（1）叠加平均：针对每一种刺激条件（一致条件事件码为 5,8,9,12；不一致条件事件码为 6,7,10,11），去除伪迹的实验进行叠加平均，具体过程详见算法 3.2。

算法 3.2 叠加平均计算方法 (Superposition Averaging Computation Method)

Input: 一个实验者第 k 个电极的脑电信号 $X_{oeba}(n)$,包括 N 次实验的脑电数据:$X_{1oeba}(n)$, $X_{2oeba}(n), \cdots, X_{Noeba}(n)$, 以及每次实验对应的刺激事件码序列 $E(E_1, E_2, \cdots, E_N)$ (5,8,9,12 表示一致,6,7,10,11 表示不一致);

Output: 各刺激条件下 $X_{oeba}(n)$ 的脑电信号的 AACI-ERP 计算指标,一致条件 $AACI\text{-}ERP_C(n)$, 不一致条件 $AACI\text{-}ERP_I(n)$;

1: $AACI\text{-}ERP_C(n) \leftarrow 0, AACI\text{-}ERP_I(n) \leftarrow 0, \text{count}_I \leftarrow 0, \text{count}_C \leftarrow 0$;
2: for i = 1 to N do
3:    if($E_i = 6 || E_i = 7 || E_i = 10 || E_i = 11$) then
4:      $AACI\text{-}ERP_I(n) \leftarrow AACI\text{-}ERP_I(n) + X_{ioeba}(n)$;
5:      $\text{count}_I \leftarrow \text{count}_I + 1$;
6:    end if
7:    if ($E_i = 5 || E_i = 8 || E_i = 9 || E_i = 12$) then
8:      $AACI\text{-}ERP_C(n) \leftarrow AACI\text{-}ERP_C(n) + X_{ioeba}(n)$;
9:      $\text{count}_C \leftarrow \text{count}_C + 1$;
10:   end if
11:   $i \leftarrow i + 1$;
12: end for
13: $AACI\text{-}ERP_I(n) \leftarrow AACI\text{-}ERP_I(n)/\text{count}_I$;
14: $AACI\text{-}ERP_C(n) \leftarrow AACI\text{-}ERP_C(n)/\text{count}_C$;

（2）转换参考: 应用脑电数据处理方法以及叠加平均算法计算左侧乳突的事件相关电位指标 (一致条件: $ML_{1oeba}(n)$; 不一致条件: $ML_{1oeba}(n)$) 以及右侧乳突的事件相关电位指标 (一致条件: $MR_{1oeba}(n)$; 不一致条件: $MR_{1oeba}(n)$),将左右乳突的平均作为叠加平均后的脑电数据的参考,具体过程详见算法 3.3。

算法 3.3 转换参考计算方法 (Rereferencing Computation Method)

Input: 左侧乳突的计算指标 (一致条件: $ML_{Coeba}(n)$, 不一致条件: $ML_{Ioeba}(n)$); 右侧乳突的计算指标 (一致条件: $MR_{Coeba}(n)$, 不一致条件: $MR_{Ioeba}(n)$);

Output: 各刺激条件下 $X_{oeba}(n)$ 的脑电信号的 AACI-ERP 计算指标,一致条件 $AACI\text{-}ERP_C(n)$, 不一致条件 $AACI\text{-}ERP_I(n)$;

1: for j = -100 to 823 do
2:   $AACI\text{-}ERP_C(n) \leftarrow AACI\text{-}ERP_C(n) - (ML_{Coeba}(n) + MR_{Coeba}(n))/2$;
3:   $AACI\text{-}ERP_I(n) \leftarrow AACI\text{-}ERP_I(n) - (ML_{Ioeba}(n) + MR_{Ioeba}(n))/2$;
4:   $j \leftarrow j + 1$;
5: end for

(3) 滤波: 将转换参考后的一致条件的计算指标 $AACI\text{-}ERP_C(n)$ 和不一致条件的计算指标 $AACI\text{-}ERP_I(n)$ 进行线性带通滤波（巴特沃斯滤波器 30 Hz 低通滤波；衰减斜率 48 dB/octave），零相位漂移。

采用上述方法计算所有实验者针对每种刺激类型每个电极 AACI-ERP 计算指标，详见表 3.2。早期（121~450 ms）的 AACI-ERP 计算指标包括: $AEP1(n)$: 第一个正波; $AEN1(n)$: 第一个负波; $AEP2(n)$: 第二个正波; $AEN2(n)$: 第二个负波; $AEP3(n)$: 第三个正波。晚期（481~810 ms）的 AACI-ERP 计算指标包括: $AELate\text{-}SW1(n)$: 第一个晚期慢波; $AELate\text{-}SW2(n)$: 第二个晚期慢波。

表 3.2 AACI-ERP 计算指标各个子成分

时间段/ms	一致 (C) 的 $AACI\text{-}ERP_C(n)$	不一致 (I) 的 $AACI\text{-}ERP_I(n)$
121~150	$AEP1_C(n)$	$AEP1_I(n)$
181~210	$AEN1_C(n)$	$AEN1_I(n)$
241~330	$AEP2_C(n)$	$AEP2_I(n)$
331~390	$AEN2_C(n)$	$AEN2_I(n)$
421~450	$AEP3_C(n)$	$AEP3_I(n)$
481~690	$AELate\text{-}SW1_C(n)$	$AELate\text{-}SW1_I(n)$
691~810	$AELate\text{-}SW2_C(n)$	$AELate\text{-}SW2_I(n)$

3.2.6 计算 AACI 认知控制相关的计算指标

在得到计算 AACI-ERP 指标基础上，本章提出认知控制相关的感知计算指标（Sensory Computation Indices，SCI）、确认计算指标（Identification Computation Indices，ICI）和执行计算指标（Execution Computation Indices，ECI）。各计算指标主要的计算方法为计算所有实验者针对每种刺激类型每个电极总的 AACI-ERP 之间的差异波。该方法的计算时间复杂度为 $O(n)$，具有高效的时间特性。

SCI 的计算指标主要包括三个子计算指标。

(1) $\Delta AEP1$(The difference of first positive wave of AACI-ERP between incongruent stimuli and congruent ones，不一致和一致的 AACI-ERP 计算指标的第一个正波的差异波)，计算公式如 3.1 所示。

$$\Delta AEP1 = AEP1_I(n) - AEP1_C(n) \qquad (3.1)$$

（2）$\Delta AEN1$(The difference of first negative wave of AACI-ERP between incongruent stimuli and congruent ones，不一致和一致的 AACI-ERP 计算指标的第一个负波的差异波)，计算公式如 3.2 所示。

$$\Delta AEN1 = AEN1_I(n) - AEN1_C(n) \qquad (3.2)$$

（3）$\Delta AEP2$(The difference of second positive wave of AACI-ERP between incongruent stimuli and congruent ones，不一致和一致的 AACI-ERP 计算指标的第二个正波的差异波)，计算公式如 3.3 所示。

$$\Delta AEP2 = AEP2_I(n) - AEP2_C(n) \qquad (3.3)$$

ICI 的计算指标主要包括两个子计算指标。

（1）$\Delta AEN2$(The difference of second negative wave of AACI-ERP between incongruent stimuli and congruent ones，不一致和一致的 AACI-ERP 计算指标的第二个负波的差异波)，计算公式如 3.4 所示。

$$\Delta AEN2 = AEN2_I(n) - AEN2_C(n) \qquad (3.4)$$

（2）$\Delta AEP3$(The difference of third positive wave of AACI-ERP between incongruent stimuli and congruent ones，不一致和一致的 AACI-ERP 计算指标的第三个正波差异波)，计算公式如 3.5 所示。

$$\Delta AEP3 = AEP3_I(n) - AEP3_C(n) \qquad (3.5)$$

ECI 的计算指标主要包括两个子计算指标。

（1）$\Delta AELate\text{-}SW1$(The difference of late slow wave of AACI-ERP between incongruent stimuli and congruent ones，不一致和一致的 AACI-ERP 计算指标的第一个晚期慢波的差异波)，计算公式如 3.6 所示。

$$\Delta AELate\text{-}SW1 = AELate\text{-}SW1_I(n) - AELate\text{-}SW1_C(n) \qquad (3.6)$$

（2）$\Delta AELate\text{-}SW2$(The difference of late slow wave of AACI-ERP between incongruent stimuli and congruent ones，不一致和一致的 AACI-ERP 计算指标的第二个晚期慢波的差异波)，计算公式如 3.7 所示。

$$\Delta AELate\text{-}SW2 = AELate\text{-}SW2_I(n) - AELate\text{-}SW2_C(n) \qquad (3.7)$$

3.2.7 ACCI 认知控制相关计算指标统计方法

1. 基于短时间窗的 AACI-ERP 计算指标的分析方法

为了聚焦到认知控制的前执行阶段，同时能够更精确地分析检查早期的 AACI-ERP 计算指标，我们应用类似之前研究的统计分析方法[60,65]，但是采用更短的时间窗和更快的刺激后的时间段。

在一些听觉认知控制任务中，许多研究采用 Fz 和 Cz 作为最经常用于分析的位置，因为这些位置可以获得具有最大幅值的 N1、N2 和 MMN[157,199-201]。因此，12 个前额-中央区的电极（F1, Fz, F2, FC1, FCz, FC2, C1, Cz, C2, CP1, CPz, CP2）用于研究分析。另外，本研究针对每种刺激类型采用更小的连续时间窗（30 ms）进行分析，因为早期 AACI-ERP 成分的调制不会持续超过 100 ms。

使用 SPSS 软件编写程序进行统计分析。统计分析基于的是被试内因子模型。30 ms 时间窗内的平均 AACI-ERP 计算指标的幅度值用于三因素（**Laterality** × **Frontality** × **Trial Type**）重复测量方差分析（ANOVA），三个因子为 **Laterality**：侧性（左，中，右）；**Frontality**：脑区（前额区 1，前额区 2，中央区，顶区）；**Trial Type**：刺激类型（一致 vs. 不一致）。显著性设置为 $p < 0.05$。自由度进行自适应调节，如果 $\varepsilon < 0.75$，采用 Greenhouse-Geisser 方法修正；如果 $1 > \varepsilon > 0.75$，采用 Huynh-Feldt 方法修正。如果一个因子包含两个水平有主效应，使用 Bonferroni 测验进行 Post-hoc 分析。如果多个因子存在交互效应，执行简单效应分析观察一个因子其他因子每个水平上的效应。

2. 基于 t 检验的行为学计算指标的分析方法

行为数据分析：通过 SPSS 软件分析每个实验者的行为学计算指标——准确率和反应时间，通过 SPSS 软件分析使用配对 t 检验（双尾）的方法。

3. 基于脑区拓扑分布的分析方法

为了研究一致和不一致的 AACI-ERP 计算指标的差异波的分布，使用 ERPLAB 分析听觉认知控制效应的脑区拓扑分布。计算分析了 30 ms 时间窗的平均幅值的脑电活动映射，分别对应的 AACI-ERP 计算指标为 $AEP1$, $AEN1$, $AEP2$, $AEN2$, $AEP3$, $AELate\text{-}SW1$, $AELate\text{-}SW2$。

3.3 实验结果及分析

3.3.1 行为学计算指标

图 3.3 和图 3.4 展示了行为学结果，RTs 代表反映时间；Mean Error Rate 代表平均反应错误率。正确率统计分析表明实验者对于一致实验（congruent trials）反应的正确率高于不一致实验（incongruent trials）（平均错误率：0.004% vs. 0.029%, var. = 0.0223, t(20) = 4.9750, p < 0.001）。反应时间的统计分析表明实验者对于不一直实验显著慢于一致实验（反应时间：793.7 ms vs. 718.4 ms, var. = 35.04, t(20) = 9.6123, p < 0.001）。

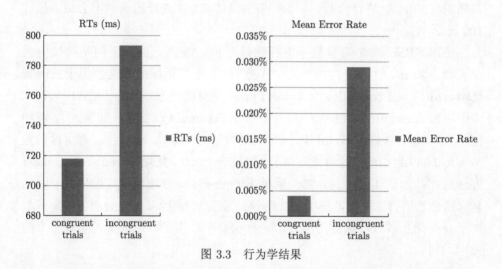

图 3.3 行为学结果

当前研究采用的是和之前视觉 Stroop 研究和听觉 Stroop 研究一样的标准的听觉 Stroop 实验范式。结果表明 Stroop 效应很好地在任务中反映出来，表现为实验者相比于一致刺激，对于不一致刺激反应更慢，正确率更低。当前研究的行为学数据表明该结果和之前用其他语言进行的听觉或视觉 Stroop 效应的结果是相符的。

3.3.2 AACI-ERP 计算指标

21 个实验者显示了相似的 AACI-ERP 计算指标波形，包括 7 个 AACI-ERP 计算指标：*AEP*1，*AEN*1，*AEP*2，*AEN*2，*AEP*3，*AELate-SW*1，

***AELate-SW*2**。在本研究中,所有的 ERP 计算指标延迟和其他研究相比延迟 60 ms,因为本研究刺激起始在 60 ms 左右,而不是 0 ms。

表 3.3～表 3.6 显示了对刺激后的 AACI-ERP 执行重复测量方差分析(ANOVA)的主要的显著结果。**Trial Type** 有主效应,表现为不一致实验相比于一致实验引起更小的正电位计算指标(***AEP*1**: 121～150 ms; ***AEP*2**: 241～270 ms, 271～300 ms, 301～330 ms; ***AEP*3**: 421～450 ms);同时,表现为不一致实验相比于一致实验引起更小的负电位计算指标(***AEN*1**: 181～210 ms; ***AEN*2**: 331～360 ms, 361～390 ms; ***AELate-SW*1**: 481～510 ms, 511～540 ms, 541～570 ms, 571～600 ms, 601～630 ms, 631～660 ms, 661～690 ms;

表 3.3 刺激后的 AACI-ERP 计算指标的 ANOVA 结果汇总表 1

时间/ms	TT	TT*L	TT*F	TT*L*F
***AEP*1**:				
121～150	$F = 5.6, p = 0.029$	$F = 8.3, p = 0.004$	NS	NS
***AEN*1**:				
181～210	$F = 10.4, p = 0.004$	NS	NS	NS
211～240	$F = 5.3, p = 0.032$	NS	NS	NS

[1] *: 两个或多个因子之间的交互效应;
[2] NS: Not Significant (不显著);
TT: Trial Type (刺激类型);
L: Laterality (侧性);
F: Frontality (脑区)。

表 3.4 刺激后的 AACI-ERP 计算指标的 ANOVA 结果汇总表 2

时间/ms	TT	TT*L	TT*F	TT*L*F
***AEP*2**:				
241～270	$F = 19.4, p<0.001$	NS	NS	NS
271～300	$F = 21.3, p<0.001$	$F = 4.7, p = 0.021$	NS	$F = 2.7, p = 0.016$
301～330	NS	$F = 3.6, p = 0.042$	NS	NS
***AEN*2**:				
331～360	$F = 4.3, p = 0.05$	NS	NS	$F = 2.4, p = 0.032$
361～390	NS	NS	NS	$F = 2.6, p = 0.026$
***AEP*3**:				
421～450	$F = 7.4, p = 0.013$	NS	NS	NS

表 3.4 中符号意义同表 3.3。

表 3.5 刺激后的 AACI-ERP 计算指标的 ANOVA 结果汇总表 3

时间/ms	TT	TT*L	TT*F	TT*L*F
*AELate-SW*1:				
481~510	F = 20.4, p<0.001	NS	NS	NS
511~540	F = 39.6, p<0.001	NS	NS	NS
541~570	F = 18.8, p<0.001	NS	NS	NS
571~600	F = 24.8, p<0.001	NS	NS	NS
601~630	F = 21.3, p<0.001	NS	F = 6.9, p = 0.004	NS
631~660	F = 9.7, p = 0.006	NS	F = 8.3, p = 0.003	NS
661~690	F = 7.1, p = 0.015	NS	F = 14.1, p<0.001	NS

表 3.5 中符号意义同表 3.3。

表 3.6 刺激后的 AACI-ERP 计算指标的 ANOVA 结果汇总表 4

时间/ms	TT	TT*L	TT*F	TT*L*F
*AELate-SW*2:				
691~720	NS	NS	F = 23.7, p<0.001	NS
721~750	NS	NS	F = 12.0, p = 0.001	NS
751~780	NS	NS	F = 16.1, p<0.001	NS
781~810	NS	NS	F = 14.6, p<0.001	NS

表 3.6 中符号意义同表 3.3。

*AELate-SW*2: 691~720 ms, 721~750 ms, 751~780 ms)。另外，还有 **Trial Type** 的主效应，表现为不一致实验相比一致实验引起更负的计算指标（*AEN*1: 211~240 ms; *AELate-SW*2: 781~810 ms)。

对交互效应做进一步简单效应分析，结果表明，某些脑区显示了显著效应。表 3.7 和表 3.8 显示了简单效应分析的结果。其中，*Li* 表示侧性（laterality），i = 1, 2, 3 (L1: 左; L2: 中; L3: 右)；*Aj* 表示脑区位置，j = 1, 2, 3, 4 (A1: 额区 1; A2: 额区 2; A3: 中央区; A4: 顶区)。

（1）*AEP*1 计算指标 (121~150 ms) 分析

连续分析表明，刺激类型在脑中 (L2: F = 6.02, p = 0.023) 和脑右 (L3: F = 7.31, p = 0.014) 显著，相比于一致实验，不一致实验引起更小的 *AACI-P*1 正波计算指标。

（2）*AEP*2 计算指标 (241~330 ms) 分析

对 *AEP*2 计算指标的交互效应应用做简单效应分析，结果表明，相比其他脑区，右额中央区对刺激类型有显著的区分 [271~300 ms (L1: F =

表 3.7 简单效应分析的结果汇总 1

时间/ms	TT∗L	TT∗F	TT∗L∗F
AEP1:			
121~150	L2: F=6.02, p=0.023		
	L3: F=7.31, p=0.014		
AEP2:			
271~300	L1: F=18.17, p<0.001		L1A1: F=15.46, p=0.001
	L2: F=20.88, p<0.001		L1A2: F=17.41, p<0.001
	L3: F=23.75, p<0.001		L1A3: F=19.25, p<0.001
			L1A4: F=15.13, p=0.001
			L2A1: F=14.87, p=0.001
			L2A2: F=20.49, p<0.001
			L2A3: F=22.13, p<0.001
			L2A4: F=20.93, p<0.001
			L3A1: F=17.93, p<0.001
			L3A2: F=27.95, p<0.001
			L3A3: F=26.32, p<0.001
			L3A4: F=18.50, p<0.001

表 3.7 中符号意义同表 3.3。

18.17, $p < 0.001$; L2: $F = 20.88$, $p < 0.001$; L3: $F = 23.75$, L1A4: $F = 15.13$, $p = .001$; L2A1: $F = 14.87$, $p = 0.001$; L2A2: $F = 20.49$, $p<0.001$; L2A3: $F = 22.13$, $p < 0.001$; L2A4: $F = 20.93$, $p < 0.001$; L3A1: $F = 17.93$, $p < 0.001$; L3A2: $F = 27.95$, $p < 0.001$; L3A3: $F = 26.32$, $p < 0.001$; L3A4: $F = 18.50$, $p < 0.001$]。

(3) **AEN2** 计算指标 (331~390 ms) 分析

在前额区发现了显著的简单效应，表现为相比于一致实验，不一致实验引起更小的 **AEN2** 负波计算指标 [331~360 ms (L1A1: $F = 6.38$, $p = 0.020$; L1A2: $F = 6.06$, $p = 0.023$; L2A1: $F = 5.40$, $p = 0.031$; L3A1: $F = 4.84$, $p = 0.040$); 361~390 ms (L1A1: $F = 6.31$, $p = 0.021$; L1A2: $F = 6.21$, $p = 0.022$; L2A1: $F = 6.05$, $p = 0.023$)]，and the center region [331~360 ms (L1A3: $F = 5.55$, $p = 0.029$); 361~390 ms (L1A3: $F = 5.13$, $p = 0.035$)。

(4) **AELate-SW1** 计算指标 (601~690 ms) 分析

简单效应分析在中央区和顶区 [601~630 ms (A3: $F = 21.76$, $p < 0.001$; A4: $F = 44.97$, $p < 0.001$); 630~660 ms (A3: $F = 10.25$, $p = 0.004$; A4:

表 3.8 简单效应分析的结果汇总 2

时间/ms	TT∗L	TT∗F	TT∗L∗F
***AEN*2**:			
331~360			L1A1: F=6.38, p=0.020
			L1A2: F=6.06, p=0.023
			L1A3: F=5.55, p=0.029
			L2A1: F=5.40, p=0.031
			L3A1: F=4.84, p=0.040
361~390			L1A1: F=6.31, p=0.021
			L1A2: F=6.21, p=0.022
			L2A1: F=6.05, p=0.023
			L1A3: F=5.13, p=0.035
***AELate-SW*1**:			
601~630		A1: F=9.60, p=0.006	
		A2: F=11.37, p=0.003	
		A3: F=21.76, p<0.001	
		A4: F=44.97, p<0.001	
631~660		A3: F=10.25, p=0.004	
		A4: F=26.56, p<0.001	
661~690		A3: F=7.67, p=0.012	
		A4: F=25.87, p<0.001	
***AELate-SW*2**:			
691~720		A4: F=19.45, p<0.001	
721~750		A4: F=12.50, p=0.002	
751~780		A4: F=8.97, p=0.007	
781~810		A4: F=4.80, p=0.041	

表 3.8 中符号意义同表 3.3。

$F = 26.56, p < 0.001$); 661~690 ms(A3: $F = 7.67, p = 0.012$; A4: $F = 25.87, p < 0.001$)] 和前额区 [601~630 ms(A1: $F = 9.60, p = 0.006$; A2: $F = 11.37, p = 0.003$)] 发现了显著性，表现为相比于一致实验，不一致实验引起更小的负波计算指标。

（5）***AELate-SW*2** 计算指标 (601~690 ms) 分析

简单效应分析只在顶区发现了显著性，表现为相比于一致实验，不一致实验有更小的负波计算指标 [691~720 ms (A4: $F = 19.45, p < 0.001$);

721∼750 ms (A4: F = 12.50, p = 0.002); 751∼780 ms (A4: F = 8.97, p = 0.007); 781∼810 ms (A4: F = 4.80, p = 0.041)]。

从以上结果可以看出，针对 30 ms 时间窗的三因素重复测量方差分析揭示了所有确定的 AACI-ERP 计算指标都有类型主效应。几乎所有的前执行阶段的 AACI-ERP 计算指标的主效应都表明，对于不一致实验引起的 AACI-ERP 的幅度小于一致实验。只有 ***AELate-SW*2** 和 ***AEN*1** 相比于一致实验，不一致实验引起的 AACI-ERP 计算指标的幅度增强。这些效应反映了一致实验和不一致实验引起不同的脑电活动。从而，证明了本文提出的 AACI 认知控制相关的计算指标：$\Delta AEP1$, $\Delta AEN1$, $\Delta AEP2$, $\Delta AEN2$, $\Delta AEP3$, $\Delta AELate\text{-}SW1$, $\Delta AELate\text{-}SW2$ 的正确性。虽然它们没有从信息处理的开始到反应的结束持续，但是它们反映了不同脑区分布认知控制的时域过程。

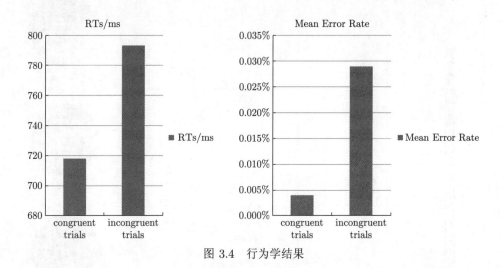

图 3.4　行为学结果

3.3.3　AACI 认知控制相关的计算指标

图 3.5 显示了在听觉 Stroop 认知控制任务中不一致刺激和一致刺激诱发总平均 AACI-ERP 波形和平均的差异波所确定的 AACI 认知控制相关的计算指标的脑地形图分布。如图 3.5 所示，不一致实验的 ***AEN*1** 计算指标比一致实验的更正。在脑的额区，不一致实验的 ***AELate-SW*** 计算指标比一致实验的更负，而在脑的顶区，不一致实验的 ***AELate-SW*** 计算指标比一致实验的更正。除了上面的成分，不一致实验还引起了一个显著衰减 ***AEP*1** 计算指标 (峰值约在 130 ms)。

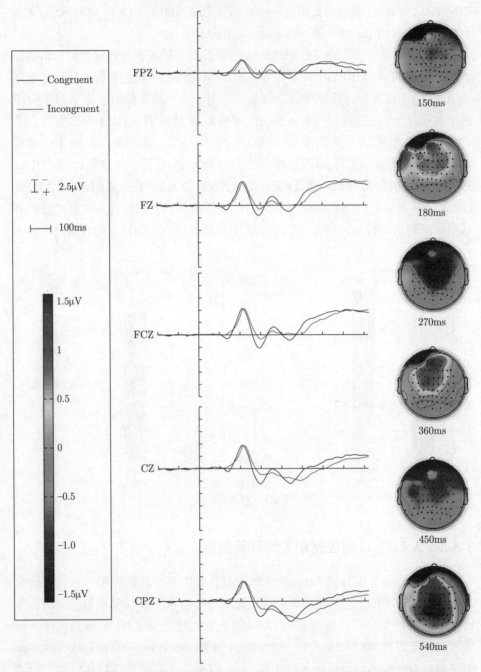

图 3.5 脑区中线上 5 个临近电极的总的 AACI-ERP 计算指标波形（由不一致刺激和一致刺激诱发）和组平均的差异波所确定的 AACI 认知控制相关的脑地形图分布

通过比较 AACI-ERP 波形的幅度（一致和不一致的 AACI-ERP 波形之间的比较），观察得到的差异波（不一致减去一致）。这些差异波即 AACI 认知控制相关的计算指标：$\Delta AEP1$，$\Delta AEN1$，$\Delta AEP2$，$\Delta AEN2$，$\Delta AEP3$，$\Delta AELate\text{-}SW$（$\Delta AELate\text{-}SW1$ 和 $\Delta AELate\text{-}SW2$）反映了认知控制和冲突处理过程。从组平均差异波（见图 3.6，不一致减去一致），我们可以更

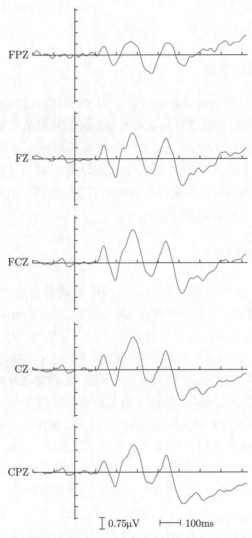

图 3.6　脑区中线上 5 个临近电极的组平均的 AACI-ERP 计算指标差异波，显示了 7 个 AACI 认知控制相关的计算指标：$\Delta AEP1$，$\Delta AEN1$，$\Delta AEP2$，$\Delta AEN2$，$\Delta AEP3$，$\Delta AELate\text{-}SW1$ 和 $\Delta AELate\text{-}SW2$

直接地确定这些用于区分不一致实验引起的 AACI-ERPs 和一致实验引起的 AACI-ERPs 的调制，即 AACI 认知控制相关的计算指标。从图 3.5可以观察到，在约 130 ms，$\Delta AEP1$ 反映了一致实验更正。在约 200 ms，$\Delta AEN1$ 反映了一致实验更负；在约 300 ms，$\Delta AEP2$ 反映了对于一致实验更正；$\Delta AEN2$ 反映了从 360 ms 开始一致实验更负。在约 450 ms，$\Delta AEP3$ 反映了一致实验更正。虽然调制方向和之前的一些研究相比有一些不同，然而这七个 AACI 认知控制相关的计算指标反映了 AACI 听觉认知控制的脑电表现。重复测量方差分析方法证明了这些计算指标的正确性。

3.3.4 脑电位活动映射

不一致实验和一致实验引起的 AACI-ERP 计算指标的差异波的脑区拓扑分布如图 3.7 所示。所有前执行的 AACI 认知控制相关的计算指标（$\Delta AEP1$, $\Delta AEN1$, $\Delta AEP2$, $\Delta AEN2$, $\Delta AEP3$）都在前额和中央区分布，执行成分 AACI 认知控制相关的计算指标（$\Delta AELate\text{-}SW1$ 和 $\Delta AELate\text{-}SW2$））在后中央区和顶区分布说明，前期的认知控制主要与前额和中央脑区有关，而后期的动作执行与中央脑区和顶区有关。

3.3.5 实验结果比较

我们观察到了类似之前用其他语言的听觉或者视觉的认知控制研究的 AACI-ERP 计算指标。类似于峰值在 300 ms 的 N2（Ninc）计算指标[60]，本研究发现不一致刺激引起两个衰减正波之间（$AEP2$，峰值在 300 ms；和 $AEP3$，峰值约在 450 ms）有中央分布的衰减负波（$AEN2$，350~400 ms）。类似于 Henkin 的听觉 Stroop 研究[57]，早期的 $AACI\text{-}ERP$ 计算指标被发现（$AEN1$，峰值约在 200 ms）。类似于相关研究，本研究也发现了晚期的慢波计算指标 $AELate\text{-}SW1$，$AELate\text{-}SW2$。综上，相比于其他注意状态下听觉认知控制的研究结果，本研究发现了更多的计算指标，如表 3.9所示，并且统计分析证明其针对不同刺激类型 AACI-ERP 计算指标的显著性。另外，本章通过 AACI 的认知控制检测的计算指标研究方法首次给出 AACI 认知控制相关的计算指标 SCI($\Delta AEP1$, $\Delta AEN1$, $\Delta AEP2$)、ICI($\Delta AEN2$, $\Delta AEP3$)、ECI($\Delta AELate\text{-}SW1$, $\Delta AELate\text{-}SW2$))，这三个计算指标是之前研究没有得到的。

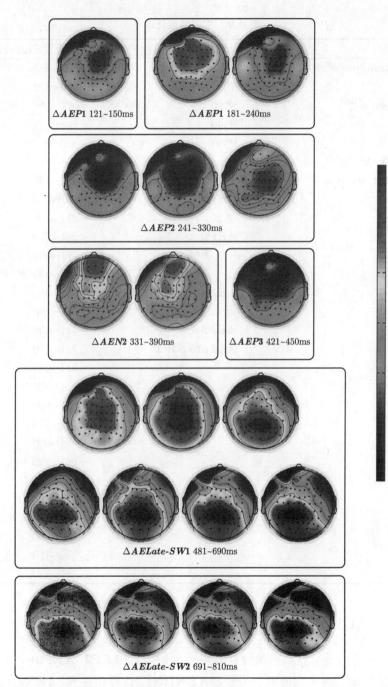

图 3.7 每 30 ms 时间窗平均幅值的脑电活动映射(不一致减去一致),对应 7 个 AACI 认知控制相关的计算指标($\triangle AEP1$, $\triangle AEN1$, $\triangle AEP2$, $\triangle AEN2$, $\triangle AEP3$, $\triangle AELate\text{-}SW1$ 和 $\triangle AELate\text{-}SW2$))

表 3.9　实验结果比较

研究	计算指标	显著效应时间段/ms
Donohue's[60]	Ninc	200~500
	SP	500~800
Lew's[193]	N100	97
	N140	134
	P300	350
Henkin's[57]	N1	75~145
Our study	$AEP1$	121~150
	$AEN1$	181~210
		211~240
	$AEP2$	241~270
		271~300
		301~330
	$AEN2$	331~360
		361~390
	$AEP3$	421~450
	$AELate\text{-}SW1$	481~510
		511~540
		541~570
		571~600
		541~570
		571~600
		601~630
		631~660
		661~690
	$AELate\text{-}SW2$	691~720
		721~750
		751~780
		781~810

3.3.6　AACI-ERP 计算指标的统计结果及分析

值得注意的是，一些前执行计算指标 ($AEP1$, $AEP2$, $AEP3$) 没有被之前的听觉认知控制研究提出。另外，$AEN1$(N1) 计算指标和 $AEN2$（Ninc）计算指标也没有被同时发现。之前 AACI 认知控制检测的研究的脑电数据处理及分析方法和实验设计的局限性可能是导致这些结果缺失的原因。

一个重要的可能性就是在统计分析之前，采用过大的时间窗进行幅度平均的局限性（例如，Donohue 使用 100 ms 时间窗[60]），因为前执行的 AACI-ERP 计算指标通常不会持续超过 100 ms。

另外一个可能性是，一些研究发现在多个前执行 ERP 计算指标的不同的幅度（通过比较一致条件和不一致条件）[60,194]，可是这些研究的目的是把结果和之前的研究进行比较，导致缺少对其他 ERP 计算指标 (如 P1, N1) 的统计分析，或者导致在确认和干扰效应相关的具体 ERP 计算指标时不准确的统计分析。此外，这些研究的发现可能将几个 ERP 计算指标的调制（P2, N2 和 P3）混合为一个效应，并且粗糙地命名冲突效应为 Ninc，而没有精确地命名某个具体的 ERP 计算指标的调制（如 $\Delta AEN2$, $\Delta AEP2$）。其他两个研究使用不同的数据分析方法可能避免上面的问题，但是它们结果的局限性在于认知控制实验设计。

除了上述数据分析方法的局限性，之前研究结果的不完整的部分原因在于实验设计，尤其是他们使用的实验刺激。Henkin 使用希伯来语词汇，意思是/爸/或/妈/[57]。可是，通过我们的刺激和 Henkin 的刺激的比较可以发现，他们的刺激需要更多的语义处理才能提取出词的属性（从话者而不是词本身）。N2 计算指标的功能是词的分类，更多的语义处理可能减少干扰的显著性（语义影响物理属性维度）。类似地，P2 计算指标是早期语义处理成分。因此，我们认为 Henkin 的研究没有揭示 $AEN2$ 和 $AEP2$ 显著性可能的原因是认知控制系统没有必要的语义处理。Lew[193] 使用的实验刺激类似于 Henkin 的实验刺激，从而揭示了相似的在 N1 计算指标上的显著的干扰效应，而不是在 N2 计算指标或者 P2 计算指标上。同时，Donohue[60] 的刺激和我们的类似，不同的刺激能够由词的第一个字母识别，但他没有消除性别差异。他使用的刺激只由男性话者录制，同时，他没有让实验者通过做额外的实验来帮助他们区分高音调和低音调。这两个实验因素可能是 Donohue 没有发现其他前执行成分中的显著的 ERP 调制。Buzzell[194] 使用的刺激没有消除性别差异。另外，Buzzell 和同事认为在他们研究中缺失 SP 效应可能是由于实验设计缺少难度。这个"任务难度的相对缺失"可能是来自语音通道的感知处理，相比于音调，话者性别和音量更加自动化，这意味着物理属性和词义之间的冲突需要较少的认知控制。从而，他们研究中的感知效应以及后感知效应比其他研究中的弱。由于类似的原因，其他研究分别表现为缺失了后感知效应[57]或者缺失了感知效应[60]。

综上，数据分析方法和实验设计的局限性很大可能造成了全部和早期认知控制和冲突监控相关的计算指标的不完整和不准确测量。本研究方法避免了这些局限，揭示了 AACI 认知控制相关的计算指标，反映了听觉认知控制相关的完整的计算指标。

3.4 AACI 认知控制的工作机制

本书通过提出的 AACI 的认知控制检测的计算方法研究，给出了相关的计算指标。AACI 认知控制相关的计算指标包括：SCI($\triangle AEP1$, $\triangle AEN1$, $\triangle AEP2$)、ICI($\triangle AEN2$, $\triangle AEP3$)、ECI($\triangle AELate\text{-}SW1$, $\triangle AELate\text{-}SW2$))。这些计算指标表明了听觉认知控制系统对一致刺激和不一致刺激处理上不同的细节之处，并且反映前执行冲突效果和反映冲突效果。这些结果和之前的听觉研究[60,193]、视觉研究结果[65,117] 兼容，表明了听觉认知控制的处理过程在某种程度上和视觉认知控制过程是类似的。即一般的认知控制的冲突探测-解决机制是跨模态的。另外，我们东方语言的听觉 Stroop 效应类似于其他语言版本，从而认为，不同语言下的认知控制有相同的机制。

尽管存在反应冲突效果，我们的目的是精确地探究前执行冲突效果，这一点在之前的研究中得到不同的结论。在这些听觉研究中，Donohue 的工作[60]和 Buzzell 的工作[194] 发现只有早期效应（Ninc 计算指标，在约 300 ms，大约是 N2 计算指标的位置）参与了冲突探测，他们没有确认其他前执行 ERP 计算指标的调制。可是其他两个研究[57,193] 揭示了一个听觉通道相关的冲突处理"信号"，表明了 N1 计算指标是一个参与冲突探测的混合成分。特别地，当前研究同时揭示了 $AEN1$ 计算指标和 $AEN2$(Ninc) 计算指标的显著性。这些结果表明认知控制有一个更复杂的前执行过程，至少由 $AEN1$ 计算指标和 $AEN2$ 联合反映。

3.4.1 感知计算指标：SCI($AEP1$, $\triangle AEN1$, $\triangle AEP2$)

Sensor computation indices: SCI($\triangle AEP1$, $\triangle AEN1$, $\triangle AEP2$ 和之前的听觉 Stroop 研究类似[60]，本研究中第一个正电位是 $AEP1$ 计算指标。在本研究中，SCI($\triangle AEP1$, $\triangle AEN1$, $\triangle AEP2$ 计算指标的峰值出现在额区，$\triangle AEN1$ 的峰值出现在额中区。之前的听觉 Stroop 研究[57,60] 没有测量或分析 P1 计算指标是否显著受刺激类型影响。我们在研究中发现不一致刺激显著导致 $\triangle AEP1$ 计算指标降低。虽然 P1 计算指标被认为是非自主的头皮听觉诱发电位（Auditory evoked potentials, AEPs）成分[202]，并且 P1 计算指标的幅度小和潜伏期短，在很多实验中都难以检测 P1 计算指标的调制，但是，我们的研究结果实际提供了证明 $\Delta AEP1$ 计算指标或者其他早期的听觉诱发电位能够受认知控制的调节。通过调查视觉 Stroop 任务的数据，Klimesch 等认为 P1 计算指标是诱发的 alpha 振荡的表现形式，反应了人脑进行信息处理过程中对于方向的掌控[133]。因此，在听觉认知控制 Stroop 任务中，$\Delta AEP1$ 计算指标可能反映了实验者的选择注意，触发了自顶向下的早期刺激的处理。

研究发现的第一个负电位就是听觉诱发脑电中的 $AEN1$ 计算指标，也是早期的意识唤醒相关的 ERP 计算指标。听觉 N1 有几个不同的子成分，被认为对感知刺激的注意和期待比较敏感[156,203]。在当前研究中，差异波的拓扑图揭示了 $\Delta AEN1$ 分布在额区和中央区。这些结果支持了以前的研究结论[57,193]，即 $\Delta AEN1$ 反映了与冲突感知探测相关的早期认知控制阶段。

我们通过对 ERP 计算指标应用重复测量方差分析发现 $AEP2$ 计算指标的显著效应（一致实验引发的脑电幅度比不一致实验高）。这个效应和 Donohue 的研究一致[60]，因为他们发现的 Ninc 计算指标效应包括 P2 计算指标和 P3 计算指标的调制（不一致实验引发脑电幅度减少）。$AEP2$ 计算指标有左侧性，并且在中央和额区分布。差异波的脑拓扑图揭示了 $\Delta AEP2$ 在额区和中央区分布。P2 计算指标主要和认知控制过程相关，如任务切换控制[110]语义处理[204]等。综上，根据以前研究发现 P2 计算指标的认知功能和它的左侧性，$\Delta AEP2$ 计算指标的调制可能参与了复杂前执行认知控制过程中以及语义信息处理相关的过程。

3.4.2　确认计算指标：ICI($AEN2$, $AEP3$)

至于本书研究的 $AEN2$ 计算指标，从差异波的拓扑图可以看出，这个计算指标对应的 $\Delta AEN2$ 分布在额区和中央区。这些发现和之前研究的时域波形表现和脑区分布相似[60]。Donohue 认为这个指标可能至少是 N2c 计算指标调制的一部分，和冲突监控和错误相关的检测有关连。在当前研究中，我们的数据没有足够的错误实验分析这个可能的解释。

另外关于这个计算指标的解释是 $\Delta AEN2$ 的分布类似于在中央脑区分布最大的 N2b 计算指标成分[203]。这个 $\Delta AEN2$ 计算指标成分至少从部分程度上像 N2b 计算指标一样，反映了潜在的分类过程。两个 ERP 计算指标为 MMN(N2a) 和 N2b，通常用于形成 N2 计算指标。N2b 计算指标通常和刺激变化的检测以及音素分类有关[156]。因此，$\Delta AEN2$ 作为前执行认知控制过程的 ERP 计算指标，用于对冲突刺激信息进行分类。

基于上述论述，我们认为 $AEN2$ 是与人脑认知控制系统确认或分类有关的计算指标。从神经学角度，在冲突刺激传导到感知皮层之后，$\Delta AEN2$ 可能在冲突监控的过程中起到冲突识别和确认的作用。这个过程反映了对冲突信息的编码。之后，将传递信息到冲突控制的脑区（执行皮层），在这里冲突解析将被反应决策和执行。

另外，$\Delta AEN2$ 有和 $\Delta AEN1$ 一样的相似的拓扑分布。跨越了额高级认知区和语言处理区，但显示左偏侧性。这一分布表明了在通知右手做出正确反应的之前，$\Delta AEN2$ 可能反映了在认知控制阶段它参与了把执行命令转化为心理语言。

本章研究的 $AEP3$ 计算指标，实际上是分布在顶区的最大的 P3b 计算指标成分。一致刺激的 $AEP3$ 计算指标的幅度比不一致刺激大。更严格来说，$AEP3$ 计算指标和 Late-SW1 计算指标有重合，$AEP3$ 计算指标的潜伏期的延长导致了 P3 计算指标和 $AELate\text{-}SW1$ 计算指标在统计分析上都有显著的结果。有研究提出 $AEP3$ 计算指标的潜伏期受反映选择和执行相关的过程的影响[205]。这个 $\Delta AEP3$ 在一定程度上也和 P3 计算指标研究中的"资源分配"理论相符合[206]，即当一个实验者需要更多努力去处理任务，P3 计算指标的幅度将会增加。换句话说，不一致刺激可能引起认知控制机制对不相关信息的资源分配，从而导致 $AEP3$ 计算指标的幅度下降。此外，$\Delta AEP3$ 分布在除了顶区以外的区域，包括额区和其他脑区。总之，$\Delta AEP3$ 反映了认知控制过程的前执行或前运动过程。

$\Delta AEN2$ 和 $\Delta AEP3$ 分布在前运动和辅助运动皮层（峰值在后中央区和前运动区）。这个表明了 ICI 计算指标反映了认知控制过程中前运动控制阶段，实现反应选择、以及通知执行皮层和运动前执行的资源分配。

3.4.3 执行计算指标：ECI($\Delta AELate\text{-}SW1$, $\Delta AELate\text{-}SW2$)

本研究中晚期慢波 (Late-SW) 包括两个子计算指标成分：$AELate\text{-}SW1$ (481~690 ms) 和 $AELate\text{-}SW2$ (691~810 ms)。$AELate\text{-}SW1$ 计算指标和 $Late\text{-}SW2$ 计算指标都显示在了脑后区域增强的正波。可是，在前额区，相比于一致刺激，不一致刺激引起的 $AELate\text{-}SW1$ 计算指标更小的负波；然而，相比于一致刺激，不一致刺激引起的 $AELate\text{-}SW2$ 计算指标更大的负波。有意思的是，$AELate\text{-}SW1$ 计算指标可能和 $AEP3$ 计算指标效应有一些重合，由于 $AEP3$ 计算指标的潜伏期的延长导致了持续增强的正波。$\triangle AELate\text{-}SW1$ 和 $\triangle AELate\text{-}SW2$ 在中央和顶区更显著，并且在实验者的反应时间里持续。虽然本研究聚焦认知控制前执行阶段，但 ECI 计算指标明显地反应了和执行控制和运动控制相关的认知控制阶段。这个 ECI 计算指标效应证明了其他研究[60,193]给出的结论，即认知控制能够调节后感知阶段（或反应阶段），在认知控制和冲突监控机制中表征了冲突解决阶段。

3.4.4 听觉认知控制模型

下面根据 AACI 认知控制相关的计算指标提出注意状态下听觉认知控制的前执行阶段的工作机制。结合行为学数据（实验者反应时间大约在 700 ms）和之前研究的结果，本研究的计算指标结果表明可能存在一个更复杂的认知控制过程，应该包括三个阶段而不是之前研究提出的两个阶段。首先，复杂认知控制过程中表征刺激冲突的知觉的感知阶段可以由感知计算指标——SCI 反映。其次，认知控制过程中的表征运动前的信号通知的确认阶段（分类或冲突信息编码）可以由确认计算指标—— ICI 反映。最后，执行阶段完成冲突控制，做出反应决策/指令，表征冲突的解析，可以由执行计算指标——ECI 反映。这个认知控制过程可能不仅在当前的听觉认知控制任务中存在，也会在其他听觉认知控制相关的任务中被确认存在。

此外，结合之前听觉 Stroop 效应的的工作，本书提出了一个新的时域模型——AACI 的三阶段认知控制模型。如图 3.8所示，$\triangle AEP1$、$\triangle AEN1$ 以及 $\triangle AEP2$ 代表了第一个前执行的认知控制阶段，主要完成 AACI 探测：唤醒、选择注意以及语义属性处理；$\triangle AEN2$ 和 $\triangle AEP3$ 代表了第二前执行认知控制阶段，主要完成 AACI 分类/抑制：冲突评估、抑制冲突以及运动前准备，并将冲突信息评估情况反馈给人脑认知控制系统，进而及时调整认知控制策略；$\triangle AELate\text{-}SW1$ 和 $\triangle AELate\text{-}SW2$ 计算指标代表认知控制机制的最后一个阶段，主要完成 AACI 解决：反应选择、反应执行以及反应评估，并将反应处理后的评估结果反馈给人脑认知控制系统，再次调整认知控制策略。

使用这个模型，我们将能够恰当地解决之前研究的差异，也包括我们的研究结果和之前研究结果的不同。之前关于听觉 Stroop 效应的研究[57,60,193-194]发现的所有计算指标覆盖了认知控制的三个阶段，可是由于不同研究的侧重，或者是实验设计和数据分析方法（如统计的时间窗）的局限性，导致他们没有

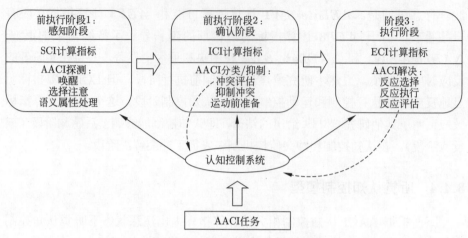

图 3.8 AACI 的三阶段认知控制模型

成功确认每个 ERP 计算指标的显著效果。如 Henkin 等没有测量 P3 计算指标和 *Late-SW P3* 计算指标的调制；Donohue 和 Buzzell 等没有测量 N1 计算指标和 P1 计算指标效应，他们混合 N2 计算指标的调制，P2 计算指标的调制和 P3 计算指标的调制为 Ninc 计算指标；Lew 等也没有分别对 N2 计算指标的调制和 P2 计算指标的调制进行测量。虽然这些结论存在不同，但这些结果不会妨碍三阶段认知控制模型成为统一的、适合的听觉认知控制过程的模型。

基于听觉认知控制过程的额模型，研究[4]提出了一个多层反馈控制语音识别系统架构，该架构提供了一种多层反馈循环的新机制，可以修改特征提取算法，以及通过多粒度特征融合标准进行语音识别。该系统架构能够改善语音识别的性能。

3.5 本章小结

本章主要完成了四部分工作。首先，对 AACI 人脑认知控制相关的研究进行了总结，并指出听觉认知控制前注意阶段相关研究存在的问题。其次，改进了实验方法，设计了注意条件下听觉冲突信息认知控制的实验范式设计。接下来，本章提出了 AACI 的认知控制检测的计算指标研究方法。再次，分别给出了行为学计算指标结果、AACI-ERP 计算指标结果、AACI 认知控制相关的计算指标结果以及脑电活动映射结果并进行了分析。通过实验比较，本研究发现了更多计算指标结果。本章通过提出研究方法，AACI 认知控制相关的计算指标：SCI($\Delta AEP1, \Delta AEN1, \Delta AEP2$)、ICI($\Delta AEN2, \Delta AEP3$)、ECI($\Delta AELate\text{-}SW1, \Delta AELate\text{-}SW2$))。这个发现证明了听觉通道相关的冲突处理的脑电信号，以及相比于之前的研究，在复杂的前执行阶段存在一个更精细的冲突监控和冲突探测过程。在冲突解决阶段，本章研究提出的 Late-SW 计算指标成分和之前研究提出的 SP 计算指标效应是对应的。综合上述研究结果，本章首次建立了 AACI 的三阶段认知控制模型，即听觉认知控制任务的三阶段认知控制模型。这个模型表明在听觉认知控制任务中，一个更完整的认知控制过程包括感知阶段、确认识别、冲突解决。

总之，本研究使用汉语成功地证明了冲突监控理论，同时也完善了之前使用其他语言的听觉 Stroop 效应的研究（如英语、希伯来语）。但是由于数据分析方法或实验设计可能存在局限性，导致前执行成分的调制的减弱或者冲突解决阶段存在缺失。因此，为了探究认知控制和冲突监控机制，听觉认知控制实验将来需要被仔细地设计。此外，由于 ERP 技术不能完整地表征 EEG 数据的动态性，下一步的工作将进行听觉认知控制过程的脑波振荡机制的研究。

第 4 章 基于单次实验脑电信号的认知控制特征的提取方法

4.1 引 言

在声学领域，人脑听觉认知系统的研究以及相关应用受到了越来越多的关注。人类的听觉认知系统要比目前计算机领域的自动语音识别系统复杂可靠得多，可以帮助我们在复杂的噪声环境下进行合适的自我调节，进行当前任务信息的保持，注意分配、反应选择，使我们能够胜任某种听觉任务。这种能力指的就是"听觉认知控制"。听觉认知控制使我们能够将注意力放在当前任务相关的语音刺激属性(如语义、音量或方位等)，同时能够忽略或抑制其他和任务不相关的干扰刺激。因此，听觉认知控制和我们的社会生活息息相关。如在"鸡尾酒会"的环境下，人们能够从各种嘈杂的声音中选择性地关注和识别听觉通道的输入语音信息；当你在工作或者学习时，你可以忽略精彩的世界杯比赛传来的欢呼声，集中注意力到当前任务。听觉认知控制对于我们成功的工作、学习和生活有着重要的作用和意义。听觉认知控制系统是接受声音信号的重要部分，对于其进行评价有重要实际意义。本章主要探究语音冲突状态下人脑听觉认知控制系统的机制，以及如何对人脑听觉认知控制系统产生的大脑皮层的脑电信号进行自动实时的检测识别。该方法可以用于及时检测人脑认知控制是否缺失。

对人脑的听觉认知控制的研究首先要通过设计实验诱发人的听觉认知控制相关的脑活动过程。目前研究人的认知控制的实验主要有三种：Stroop[50]、Simon[48]、Flanker[49]。其中 Simon 和 Flanker 主要用于研究视觉认知控制。目前研究人脑的视觉、听觉、情绪、空间等的认知控制主要使用 Stroop 认知控制实验来采集相关数据处理和分析。Stroop 实验原名 Stroop 色-词干扰效应,Stroop 于 1935 年发现,对实验者呈现颜色词 (具有词义和颜色两个维度)并令实验者做颜色命名,相比于颜色和词义一致情况,不一致情况下实验者的判断反应时间更长,准确率更低,这一干扰现象即 Stroop 色词干扰效应。目前对于人脑听觉认知控制进行研究主要使用听觉 Stroop 实验,可以从感知选择、反应倾向、在线信息保持以及抑制不相关信息等方面对人脑的听觉认知控制进行全面研究。该实验是在经典的视觉 Stroop 实验基础上在听觉通道的扩展,采用在两个维度属性上相关 (一致) 或者不相关 (不一致) 的语音材料作为实验刺激材料,实验者接受语音刺激并进行判断任务,通过采集相关数据进行处理,以研究听觉认知控制的脑加工机制及相关神经指标。国外的研究者 Hamers 和 Lambert 在 1972 年[58],以及 Cohen 和 Martin 在 1975 年[59] 得出听觉 Stroop 效应存在与视觉 Stroop 效应类似的干扰作用的结论:不一致的听觉刺激材料导致了反应时间的延长,准确率也跟着降低。2005 年,北京师范大学心理学院发展心理研究所的李慧和陈英通过听觉 Stroop 认知控制实验得到结论,刺激的语义对刺激的性质的干扰作用显著高于刺激的性质对刺激的语义的干扰作用[61]。2012 年,Donohue 等在他们之前视觉 Stroop 工作的基础上进行了听觉 Stroop 实验,证明了认知控制是跨模态的,听觉 Stroop 任务中的认知控制的时空特性和视觉类似[60]。对于人视觉、情绪的认知控制能力进行研究的 Stroop 实验已经有很多,尤其是视觉认知控制的脑加工机制已经有广泛研究,但国内外基于听觉 Stroop 实验的相关研究较少,尤其以汉语作为语音语料的研究相当少,从而导致缺少对人脑的听觉认知控制进行研究的相关实验数据以及相关检测指标、认知规律和神经机制。听觉 Stroop 实验对研究人脑听觉认知控制的加工机制具有重要意义,但是目前对基于听觉 Stroop 实验的人脑听觉认知控制研究仍不足以很好地解释其形成机制。只有对于听觉认知控制实验的设计和相关处理分析,才能对人脑的听觉认知控制进行全面研究。

国内外对于脑听觉认知控制的研究主要是先通过认知控制实验获得相关数据,然后通过数据处理方法得到相关检测指标,最后分析得出认知规律和神经机制。目前基于认知控制实验检测出听觉认知控制的相关指标主要有实验者的响 (反) 应时间和错误率[57]、脑功能性神经影像得到的脑激活区[207]、脑电信号的时域特征指标 (主要是事件相关电位,Event Related Potential,ERP)[60] 和脑电信号的频域特征指标[208]。根据响应时间和错误率的检测指标对于实验者进行认知控制能力的评价是目前常用的方法。但是,如果实验者在认知控制下降或缺失的情况下进行了正确的判断,那不能正确评价实验者的认知控制能力。所以,光用行为学数据不能实时地、精确地评价实验者的认知控制能力,只能做初步的分析。目前,脑功能性神经影像得到的脑激活区的相关研究主要使用的功能磁共振成像 (fMRI),有较好的空间分辨率 (毫米),但时间分辨率 (毫秒) 较低,同时由于成本较高,对实验者和环境要求高,没有明确的认知控制相关的检测指标和神经机制,在人的认知控制能力评价上还不能广泛应用。听觉认知控制的 ERP 研究类似于视觉认知控制的 ERP 研究,关于认知控制发生的时期是注意加工的早期还是晚期的争论持续了很久。研究发现,在不同实验条件下出现的不同的相关听觉认知控制脑电的时域成分,分布于各个时期,由于缺少全面客观的听觉认知控制脑电的时域检测指标,无法用于人的认知控制能力的精确评价上。脑电信号的频域分析可以保留大脑神经元的非锁相信息,能更真实地得到脑认知控制相关信息,但听觉认知控制的脑电节律方面的研究还很少,并且以上关于各个脑电节律在听觉认知控制中并没有给出明确的功能,没有研究各个脑电节律如何在听觉认知控制任务中各自的贡献,尤其是高频成分的作用没有给出,从而无法建立完整的脑电节律指标,导致无法用脑电节律衡量人的听觉认知控制能力。另外,由于已有研究的脑电信号的时频域指标的计算方法主要是叠加平均,缺少自动的、实时性的听觉认知控制检测的声学方法。综上,关于人脑听觉认知控制系统的研究存在以下三方面的问题:一、基于语音冲突的听觉认知控制实验较少,汉语作为实验刺激的就更少,并且检测得到的大脑皮层的关于听觉认知控制的脑电信号的时域指标 (如 ERP 等) 存在不一致的问题;二、由于研究得到不同听觉认知控制相关的时域指标结论,从而导致不能充分地揭示在语音冲突状态下人脑听觉认知控制系统的规律和机制;三、对于听觉认知控制系统在大脑皮层产生的脑电信号进行处理计算,所得到的相关指标主要是基于多次实验叠加平均,缺少在语音冲突加工的实验中,对实验者单次实验获得的数据进行处理加工的方法,从而导致缺少实时地检测和识别听觉认知控制的声学方法。针对这三方面的问题,本章提出一种声学解决方法。

本章研究的主要目标是基于发现的人脑处理冲突语音的听觉认知控制的计算指标(SCI、ICI 和 ECI)和三阶段听觉认知控制的工作机制,提出从单次实验提取认知控制相关的脑电指标,通过模式识别方法识别听觉认知控制类型,然后建立自动的、实时的对人脑听觉认知控制进行检测的方法,从而可以对人脑的听觉认知控制能力进行客观评测提供声学方法。首先,设计基于汉语语音刺激 (包括冲突和非冲突的语音刺激) 的 Stroop 实验,采集实验者的脑电波数据；然后，处理分析听觉认知控制的脑电样本数据，揭示大脑皮层相关的电位的时域指标，研究人脑进行听觉认知控制的认知规律及相应机制；进而提出基于认知规律从产生的听觉认知控制脑电样本中提取相应的认知控制特征指标的方法；最后，根据单次听觉认知控制的脑电数据样本的特征提取方法，使用支持向量机进行模式分类识别。通过采用叠加平均方法和短时窗的统计分析方法发现了认知冲突相关的混合事件相关电位成分"$N1\text{-}P2\&N2\&Late\text{-}SW$"，表明了听觉认知控制应包括三个阶段。因此，一个更完整的听觉认知控制过程应包括三个阶段：感知阶段，110~140 ms；识别阶段，260~320 ms；解决阶段，500~700 ms。基于得到的听觉认知控制的认知规律，提出基于单次实验的脑电样本进行分割的特征提取方法，联合使用平均幅度和 LZC 获取的脑电检测的指标，进而提出听觉认知控制相关的指标。实验结果证明该声学方法具有较高的识别率，可以自动地、实时地对人脑的听觉认知控制缺失情况进行检测和识别，为客观准确地评测人脑的听觉认知控制能力提供了声学方法，具有重要的实际意义。如通过检测汽车或飞机驾驶员的听觉认知控制，及时发现是否出现听觉通道的疲劳状态，防止意外事故发生；检测物质成瘾者在某些对其有干扰的刺激下的听觉认知控制，采取相应的戒瘾措施，减少依赖；发现听觉认知控制功能受损的人群(老年人、中风患者等)，及时采取治疗措施，延缓症状加重，改善患者生活质量。

4.2 听觉认知控制缺失症及其检测实验平台设计

4.2.1 听觉认知控制缺失症

听觉认知控制，是指人们在完成听觉相关的任务中，通过听觉任务信息的维持或抑制、注意分配、听觉通道信息的感知选择、识别确认、反应决策，使我们具有能够胜任某种听觉任务的认知心理过程。神经科学的一些研究认为前扣带回 (Anterior Cingulate Cortex，ACC) 和前额皮层 (Prefrontal Cortex，PFC) 起着关键的作用，当加工冲突信息时 ACC 先被激活，负责检测或监控冲突，而 PFC 起控制调节作用[16]。基于这种观点，Braver 提出了反馈回路模型，环境刺激产生了冲突，ACC 监测到冲突，向已经降低了控制水平的 PFC 发出唤起信号，PFC 由此加强控制，调整策略，使冲突水平降低。从而听觉认知控制的神经机制得到了一定解释，但其认知规律还不清楚。

听觉认知控制缺失症（Cognitive Control Deficit Disorder，CCDD），是指人们在完成听觉认知控制任务过程中，听觉认知控制的相关子认知功能（感知选择、抑制控制、在线信息保持等）受损或者消失，导致无法对当前任务进行听觉认知控制的认知心理过程。由于年龄、社会等因素，有 CCDD 或者短暂 CCDD 症状的人群数量逐渐增加。研究[11] 通过对无症状脑梗塞患者进行认知控制任务，发现其事件相关脑电位 P300 生物指标有显著性，可用于早期发现脑认知控制功能缺失，防止病情恶化。通过 fMRI 技术研究[209] 发现精神分裂症患者执行认知控制任务时 ACC 活动减少，说明 ACC 的病变是精神分裂症患者认知控制受损的主要原因。Bishop 等发现焦虑水平更高的实验者同时表现出和认知控制相关的 rACC(rostral Anterior Cingulate Cortex，前部扣带回) 的激活，以及减少的背侧 PFC 的调用[24]。Rauch 等使用认知控制任务发现连续运用认知控制能力会导致认知控制能力逐渐受损，表现为错误率和反应时间增加[34]。另外，郭孜政等通过 ERP 的方法，发现连续作业的高铁司机的持续注意力会下降，主要原因是认知控制等高级认知能力的下降[36]。因此，研究听觉认知控制缺失症的相关生物计算指标及其检测识别方法具有重要的价值和实际意义。

4.2.2 听觉认知控制检测实验平台的设计

听觉 Stroop 实验可以研究在语音信息冲突状态下人脑的听觉认知控制，从认知冲突 (不一致或不相关) 和认知一致 (相关) 两类语音材料听觉认知控制加工过程进行比较研究。该实验中，认知冲突情况下，需要调动人脑听觉通道的感知选择、注意、反应倾向、决策以及对于当前不相关的信息进行抑制的听觉认知控制能力。同时，通过听觉 Stroop 实验可以研究认知无关 (感知阶段) 和认知有关 (识别阶段、执行阶段) 的听觉认知控制规律。所以，通过听觉 Stroop 实验可以全面地研究人脑的听觉认知控制。因为基于汉语语料的听觉认知控制脑电数据非常少，所以我们首先设计了基于汉语语料的听觉认知控制实验，采集相关行为学数据和脑电数据进行处理分析，得到听觉认知控制的认知规律。

共 11 名来自哈尔滨工业大学本科在读学生自愿作为实验者参与本次实验，其中 7 名女性，4 名男性，年龄从 19 到 21 岁，平均年龄 20.1 岁。实验者均无任何脑疾病史，身体健康，视力和听力正常，右利手。实验者在被告知实验过程后，遵从实验协助人员要求进行实验，实验后给予实验者相应报酬。所有语料均为实验室自行录制的标准汉语普通话发音，每个语料持续时间相同，均为 800 ms，一致和不一致语料如表 4.1 所示。大音量和小音量的差异为 40 dB，其中大音量比原始语音高 20 dB，小音量比原始语音低 20 dB。与第 2 章选取的语料不同的是，语音内容的音节长度由单音节变化为双音节，从而可以证明上一章提出的听觉认知控制规律是自顶向下的，而非底层属性引起的自底向上的变化。同时，实验对象群体也发生变化，可以进一步证明听觉认知控制规律的普适性。

表 4.1 语料清单

内容	音量	
	大	小
大声	一致	不一致
小声	不一致	一致

实验过程中，要求实验者根据所听到的语音材料属性（音量是"大"还是"小"）做出判断。实验在实验者调整准备完毕后自行按↑键开始，在屏幕显示提示语"请根据声音的属性判断是大声还是小声，大声请按↑小声请按↓"，随机播放 4 种语料，每种所占比率均等，各 10 次，共 40 个。每个刺激呈现时间为 800 ms，两个刺激播放开始的间隔为 3300 ms，语料音量均在 60 dB 以下人耳接听声音舒适音量范围内，要求实验者在实验中尽量快地做出判断。实验过程中屏幕中央显示的符号"+"可以帮助实验者集中注意力。由于语料的语义加工对于人脑来说是自动加工，而此实验任务要求判断音量，所以需要实验者通过认知控制完成不一致语料的判断。实验次数和第 3 章相比数量减少，主要是消除实验者的认知控制适应性。

4.2.3 实验数据采集方法

实验过程中，脑电信号记录设备为 NeuroScan 公司 SynAmps 2 放大器，64 导 Ag/AgCl 电极帽，10/20 电极排布系统，及配套记录分析系统，用于进行即时记录，参考电极置于左侧乳突，滤波带通 0.01~100 Hz，采样率 1000 Hz/导，所有电极的阻抗小于 5 kΩ。Presentation 15.0 软件同步记录实验者的行为学数据，即实验者接受刺激并做出决策的按键反应时间，以及按键判断的正确与否。

4.3 听觉认知控制检测方法

4.3.1 听觉认知控制检测系统模型框架

图 4.1 显示了听觉认知控制脑电检测识别系统模型框架，主要流程如下。

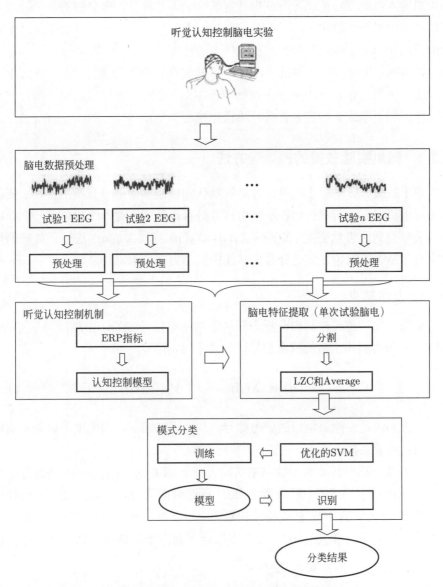

图 4.1 听觉认知控制脑电检测系统模型框架

步骤一：设计基于判断冲突语音的听觉认知控制实验，采集实验者的脑电数据 (具体过程见 4.2.2、4.2.3 节)；

步骤二：使用 ERP 方法分析得到听觉认知控制相关的时域脑电指标，进而得到听觉认知控制的机制；

步骤三：基于完整的听觉认知控制系统时域模型，将单次实验脑电数据作为识别样本，提取特征。每段脑电样本被分割为三部分，被分割的每个阶段使用时域上的平均幅值和 Lempel-Ziv 复杂度 (LZC) 进行计算，从而联合三个阶段的特征作为一个听觉认知控制脑电样本的特征；

步骤四：优化支持向量机 (SVM)，寻找提高识别率的相关参数，训练出用于识别的模型，识别给出关于测试脑电样本的分类结果 (识别是冲突语音信号的认知控制类型或非冲突语音信号的认知控制类型)。

4.3.2 脑电实验数据的预处理方法

由于眨眼、眼动、心电等信号对听觉认知控制脑电信号会产生影响，所以首先对采集得到的听觉认知控制脑电信号进行预处理。对一个实验者一个脑电电极采集得到的听觉脑电 ($X(n): X_1(n), X_2(n), \cdots, X_N(n)$) 进行预处理的过程主要包括去除眼电、脑电分段、基线校正、自适应去除伪迹。

1. 去除眼电

采用平均伪迹线性回归分析方法从原始脑电信号 $X(n)$ 中删除 $V_{EOG}(n)$ (垂直眼电) 得到修正后的脑电信号，如式 (4.1) 所示。

$$X_c(n) = X(n) - \beta \times V_{EOG}(n) \tag{4.1}$$

其中，$X_c(n)$ 是去除眼电后的脑电信号，β 为回归因子，即眼电电极和头皮电极之间的传导系数。

为了减少眨眼活动和连续脑电活动之间的相关性，$V_{EOG}(n)$ 和脑电电位在眨眼上进行平均 (最小眨眼数为 20，持续时间为 400 ms)。眼电电极超过 $V_{EOG}(n)$ 最大值的 10% 的电位被识别为眼电脉冲，然后对识别的眼电脉冲进行平均，得到平均 $V_{EOG}(n)$。各个电极的回归因子的估计分别由每个电极的平均脑电电位和平均 $V_{EOG}(n)$ 进行计算，如式 (4.2) 所示。

$$\beta = \frac{\mathrm{cov}(X(n), V_{EOG}(n))}{\mathrm{var}(V_{EOG}(n))} \tag{4.2}$$

其中，cov 为协方差计算，var 为方差计算。

2. 脑电分段

将修正后的连续脑电数据 $X_c(n)$ 进行分段，每段为语音信号刺激播放前 200 ms 和语音信号刺激播放后 823 ms，得到分段后的脑电为 $X_{c1e}(n), X_{c2e}(n), X_{c3e}(n), \cdots, X_{cNe}(n)$。

3. 基线校正

基线校正可以消除脑电相对于基线的偏离。基线校正的刺激前的时间长度为 200 ms，作为基础值。将脑电电位减去该基础值，得到

$$X_{c1eb}(n), X_{c2eb}(n), X_{c3eb}(n), \cdots, X_{cNeb}(n),$$

从而删除直流偏移。

4. 去除伪迹

去除伪迹的目的主要是将分段、基线校正后的脑电数据中存在幅度较高的伪迹删除 (如肌电、高波幅的慢电位等)。为保证足够的实验次数用于后续分析，提出自适应伪迹去除。去除的阈值从 70 μV 开始，每次递增 5 μV，直到去除伪迹的比率小于 20% 停止，阈值终止值为 150 μV，得到 $X_{c1eba}(n)$, $X_{c2eba}(n), X_{c3eba}(n), \cdots, X_{cNeba}(n)$。

4.3.3 事件相关电位处理方法

1. 计算 ERP

将预处理之后得到的每个实验者每个脑电电极的脑电数据采用 ERP （事件相关电位）方法进行时域处理。在得到原始脑电数据预处理后的脑电数据 $(X_{c1eba}(n), X_{c2eba}(n), X_{c3eba}(n), \cdots, X_{cNeba}(n))$ 基础上，应用式 (4.3) 计算每一种语音刺激条件下的 ERP。

$$\text{ERP}(n) = \frac{\sum_{i=1}^{N} X_{cieba}(n)}{N} \tag{4.3}$$

2. 转换参考

为了避免结果分布失真，将左右乳突的平均作为叠加平均后的脑电数据的参考。设左侧乳突的原始电位值为 L，电极 X 的原始电位值为 X，记录得到电位值为 $X - L$，设为 A。设右侧乳突的原始电位值为 R，记录得到电位值为 $R - L$，设为 R。转换为左右乳突的平均数为参考后，X 位置的信号幅值为 X (如式 (4.4) 所示)。

$$\begin{aligned} X' &= X - (L + R)/2 \\ &= (A + L) - (L + R)/2 \\ &= A - R/2 \end{aligned} \tag{4.4}$$

3. ERP 滤波

为了得到光滑的 ERP 波形和消除 50 Hz 的市电干扰，将转换参考后的 ERP 脑电数据进行 30 Hz 的低通滤波，相位漂移设定为 0。

4.3.4 统计分析

所得行为学数据用 IBM SPSS Statistics 19.0 软件进行统计分析处理。对行为学数据反应时间和错误率均求取总平均，并进行重复测量方差分析 (ANOVA)。对 530ms 之前的各实验者的 ERP 数据的统计分析基于的是被试内因子模型，进行三因素重复测量 ANOVA：脑区侧性 (左，中，右)× 脑区前后位置 (前，中，后)× 语料类型 (一致，不一致)。对 50~530 ms 的数据加窗分段，为了能精确分析早期的 ERP 成分，采用更短的时间窗，窗长为 30 ms。选取跟听觉认知控制密切相关的脑区 (额区-中央区-顶区中央线及其周边) 所对应的 9 个电极 (在本实验中所得 N120 和 N300 最大值均在此中线上)：F1，FC，C1，FZ，FCZ，CZ，F2，FC2，C2。自由度 ε 进行自适应调节，如果 $\varepsilon < 0.75$，则采用 Greenhouse-Geisser 方法修正；如果 $1 > \varepsilon > 0.75$，则采用 Huynh-Feldt 方法修正。如果一个因子包含两个水平有主效应，使用 Bonferroni 测验进行 Post-hoc 分析。如果多个因子存在交互效应，执行简单效应分析。

4.3.5 基于单次实验脑电信号的认知控制特征的提取方法

因为脑电信号的时域分析方法包含了一个 EEG 信号的所有信息，所以使用计算一个脑电序列的平均幅度的方法。该方法有很高的计算效率。式 (4.5) 给出计算一个给定脑电序列 $S(S(1),S(2),\cdots,S(N))$ 的平均幅度 ($\text{Mean}_{\text{amplitude}}$) 的方法。

$$\text{Mean}_{\text{amplitude}} = \frac{1}{N} \sum_{i=1}^{N} S(i) \tag{4.5}$$

其中，$S(i)$ 表示语音刺激播放后，第 i ms 的脑电电位幅值。

Lempel and Ziv 提出的 LZC[210]，它是一种反应新模式在时间序列里出现的新模式的非线性方法。LZC 的值越大代表新模式出现的频率越高，表明有更复杂的脑动态行为。本章提出针对认知脑电序列的方法计算脑电序列出现新模式的频率。算法 4.1 给出计算脑电序列新模式频率的方法 LZC-CE（LZC for Cognitive EEG）。

$$\text{LZC} = \frac{\log_2 N \times c}{N} \tag{4.6}$$

结合计算脑电平均幅度 (式 (4.5)) 和 LZC(算法 4.1) 的方法，给出本章提出的针对听觉单次实验的脑电样本的特征提取方法 CFAST(Computing the Feature of Auditory Single Trial EEG)。输入的待处理数据为使用 4.3.2 节预处理之后的脑电数据，输出为单次听觉实验脑电样本的特征向量。具体的计算过程，如算法 4.2 所示。

算法 4.1 LZC-CE

Input: 脑电序列 $S(S(1), S(2),\cdots, S(N))$;

Output: 该脑电序列的 LZC 值;
1: 二值化序列 **S**，设定阈值，大于阈值设定为 1，小于阈值设定为 0；
2: 初始化，c = 1，**S** = S(1)，**Q** = []，**SQv** = []；
3: 把 S 序列中的下一个字符级联到 **Q**，**SQ** 为级联 **S** 和 **Q**，**SQv** 表示从 **SQ** 中去掉最后一个字母；
4: 如果 **Q**! **SQv**，c = c + 1，**S** = **SQ**，清空 **Q**；重复步骤 3, 步骤 4 直到 **Q** 取到待求序列的最后一个；
5: 使用式 (4.6) 计算 LZC。

重复 CFAST 算法，遍历每个实验者每次实验的脑电数据，依次将计算获得的每次实验的特征向量添加到特征矩阵，用于模式识别。

算法 4.2　CFAST

Input: 每个实验者的经过预处理的脑电数据；
Output: 听觉实验脑电样本的特征向量；
1: 访问每个实验者的脑电数据的单次实验的脑电数据；
2: 获得 18 个电极 (F1, FZ, F2, FC1, FCZ, FC2, C1, CZ, C2, CP1, CPZ, CP2, P1, P2, PO3, POZ, PO4) 的脑电数据；
3: 将每个电极的脑电数据分割为四个时间段 (感知阶段: 110~140 ms, 识别阶段: 260~290 ms, 290~320 ms, 执行阶段: 500~700 ms)；
4: 计算每个时间段的平均幅度 (参见式 (4.5)) 和 LZC 及每次实验整段脑电数据的 LZC (参见算法 4.1)；
5: 生成单次实验脑电样本的特征向量。

4.3.6　听觉认知控制脑电的检测识别方法

采用优化的 SVM 进行模式识别。SVM 的主要思想是找到一个最优的超平面，使得两类样本之间距离最大。假设给一个线性可分的训练样本集，$i = 1, 2, \cdots, n$。对于非线性问题，通过非线性映射函数 $\Phi(\boldsymbol{x}_i)$，样本被从低维输入空间映射到高维特征空间，从而使训练样本可分。为了避免空间变换引起样本维数增加的问题，满足 Mercer 条件的核函数，直接在低维空间计算样本在高维空间的内积值，即 $K(\boldsymbol{x}_i, \boldsymbol{x}_j) = \Phi(\boldsymbol{x}_i) \cdot \Phi(\boldsymbol{x}_j)$。最终，SVM 的分类函数如式 (4.7) 所示。

$$f(\boldsymbol{x}) = \text{sgn}\Big(\sum_{i=1}^{n} \boldsymbol{\alpha}_i^* z_i K(\boldsymbol{x}_i, \boldsymbol{x}) + b^*\Big) \tag{4.7}$$

其中，α_i 为拉格朗日乘子，可以由如式 (4.8) 的凸最优化问题求解。

$$\begin{aligned} \min_{\alpha \in R^n} & \frac{1}{2} \sum_{i=1}^{n} \sum_{j=1}^{n} z_i z_j \alpha_i \boldsymbol{\alpha}_j K(\boldsymbol{x}_i, \boldsymbol{x}_j) - \sum_{j=1}^{n} \boldsymbol{\alpha}_i \\ \text{s.t.} & \sum_{i=1}^{n} z_i \boldsymbol{\alpha}_i = 0 \quad 0 \leqslant \boldsymbol{\alpha}_i \leqslant c, \quad i = 1, 2, \cdots, n \end{aligned} \tag{4.8}$$

径向基函数 (Radial Basis Function, RBF) 作为核函数，见式 (4.9)。通过优化训练模型来优化 SVM，通过使用 K 折叠交叉验证 (K-fold Cross Validation, K-CV) 算法来选择 SVM 的优化参数。使用 RBF 的 SVM 模型有两个可调参数 (g: RBF 函数中的参数；c: 惩罚因子，见式 (4.8))。

$$K(x, y) = e^{-g|x-y|^2} \tag{4.9}$$

4.4 自动听觉认知控制检测相关实验结果及分析

4.4.1 听觉认知控制的行为学

图 4.2 显示了实验者对于语音材料听觉认知控制反应的行为学结果。可以看出，实验者对于不一致语音材料平均反应时间 (790.7 ms) 明显慢于一致语音材料 (688.9 ms) $(F(1,12) = 32.62, p < 0.05)$，平均错误率则表现为不一致语料 (6.57%) 显著高于一致语料 $(0\%)(F(1,11) = 15.48, p < 0.05)$。说明实验者在完成不一致任务时需要调用更多的脑听觉认知控制资源完成当前任务，并抑制不相关的信息。可以通过行为学的指标对于人脑听觉认知控制能力进行初步评价。

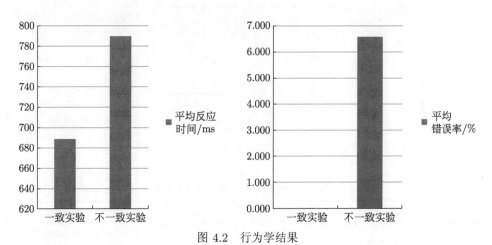

图 4.2　行为学结果

4.4.2 听觉认知控制脑电的时域认知规律

11 个实验者有相似的波形图，主要表现为四个 ERP 脑电计算指标：N1 (峰值在 150 ms 附近)，P2 (峰值在 220 ms 附近)，N2 (峰值在 290 ms 附近) 和 Late-SW(晚期慢波，范围在 500~823 ms)。体现了完整的听觉认知控制的加工过程。对所有实验者个体的 ERP 求总平均，得到如图 4.3 所示的 ERP 波形。可以看出，该实验计算得到的 ERP 指标与第 3 章的听觉认知控制实验的认知控制计算指标相似。

方差分析结果显示 (详见表 4.2)，N1 和 N2 在人脑听觉认知控制的加工过程中同时存在。在 110~140 ms $(F = 6.652, p = 0.027)$ 的时间段，不

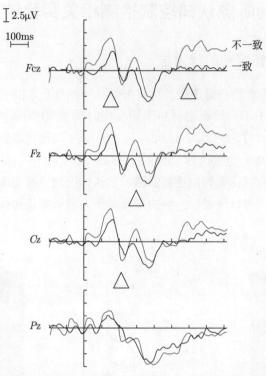

图 4.3 四个脑中线临近电极的各实验者的总平均 ERP 计算指标

表 4.2 三因素重复测量方差分析结果

时间/ms	ST	ST∗L	ST∗F	ST∗L∗F
80~110				$F=4.28, p=0.006$
110~140	$F=6.65, p=0.027$			
260~290	$F=7.06, p=0.024$			
290~320	$F=4.97, p=0.050$			
320~350		$F=3.61, p=0.046$		
440~470		$F=5.15, p=0.042$	$F=6.54, p=0.007$	
470~500		$F=6.17, p=0.021$	$F=5.55, p=0.032$	
500~530		$F=6.85, p=0.005$		

∗: 两个或多个因子之间的交互效应;
ST: Stimulus Type (刺激类型);
L: Laterality (脑区左右侧性);
F: Frontality (脑区前后位置)。

一致语音刺激引起的 N1 的电位幅值比一致刺激要更负；在 260~290 ms ($F = 7.056, p = 0.024$) 以及 290~320 ms ($F = 4.971, p = 0.050$) 的时间段，不一致语音刺激引起的 N2 的电位幅值比一致刺激要更负。

听觉认知控制的脑电电位的相关研究中，Ninc (300 ms，大约在 N2 的位置) 和 Late-SW 两个差异成分在 Donohue 等的研究[60] 中已经分离出来，而 N1(110~140 ms) 和 P2(200~250 ms) 左右出现的差异成分是前人所未观察到的。Henkin 等的研究发现了听觉认知控制相关的 N1 成分，但却没有指出 N2 成分的存在。

一致减去不一致的 ERP 计算指标所对应的脑电地形图如图 4.4 所示。这些 ERP 计算指标 (N1, P2, N2, Late-SW) 主要分布在前额区和中央区。从脑电地形图的情况来看，不一致减一致所获得的差异脑电成分分布的位置基本上在前额区和中央区，因此这几个成分的确是听觉认知控制相关的任务成分。听觉认知控制相关的差异成分的偏负性体现了对干扰信号的加工抑制。

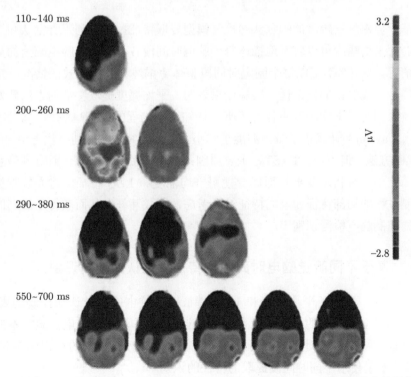

图 4.4 四个 ERP 计算指标 (N1, P2, N2, Late-SW) 所在的 30 ms 的时间窗内的平均幅值的脑电地形图 (不一致减一致)

4.4.3 基于不同特征听觉认知控制识别

折叠交叉验证用于选择优化参数,g 和 c 的寻优范围为 $2^{-10} \sim 2^{10}$,指数部分变化步长为 2。70% 的脑电样本被随机选择作为训练样本,另外 30% 作为测试样本。相较于直接使用样本特征,正规化的样本特征可以改进识别率。实验结果为 100 次实验的平均值。表 4.3 显示了使用不同的正规化脑电特征的针对听觉认知控制脑电样本的识别率和 F-value,可以看出 CFAST,即联合使用平均幅度和 LZC 可以获得最好的识别率。

表 4.3 使用不同特征提取方法的识别率

特征提取方法	正确率	F-value
Average method	87.21%	0.81
LZC method	70.65%	0.66
CFAST	99.33%	0.98

基于提出的三阶段的听觉认知控制模型提取特征,可以利用听觉认知控制规律。而平均幅度可以较好地描述每个脑电时间段各个时间点脑电幅值的局部变化情况。而 LZC 可以每个脑电时间段整体上描述出线新模式的情况,定量描述信号曲线变化的复杂性。实验结果表明,平均幅度提取特征的方法要好于 LZC,原因在于平均幅度更体现了听觉认知控制过程的 ERP 规律。离散小波变换(Wavelet)计算了子带小波能量和小波熵作为特征,识别率优于 Average 和 LZC 方法,但不如 CFAST,主要原因是其消除了时域信息,而时域信息对于非稳定信号分析很重要。而联合使用平均幅度和 LZC 特征,将人脑听觉认知控制过程的局部特征和全局特征综合考虑,形成互补,从而获得了最高的听觉认知控制脑电检测识别率。

4.4.4 基于不同听觉脑电时间段作特征听觉认知控制识别

为了进一步验证平均幅度和 LZC 特征对于脑电的听觉认知控制的表征,针对不同时间段提取的平均幅度和 LZC 脑电特征作为一次脑电实验样本的特征进行模式识别。针对每个时间段进行特征提取和模式识别的过程同实验一。表 4.4 显示了使用不同时间段提取的特征的识别率。

表 4.4 的识别率结果表明使用不同时间段提取的特征的识别率并没有显著差异,都可以较好地完成识别任务。该结果说明平均幅度和 LZC 脑电特征能

够表征人脑听觉认知控制系统对于语音冲突信息加工的差异（一致 vs. 不一致），即在感知阶段、识别阶段以及解决阶段存在差异，与 ERP 指标有类似的结论。同时，该结果也说明平均幅度和 LZC 能够很好地表征听觉认知控制的每个阶段。

表 4.4 使用不同时间段提取的特征的识别率

时间段	正确率	F-value
110~140 ms	80.21%	0.74
260~320 ms	79.65%	0.73
500~700 ms	81.33%	0.76

4.5 基于认知规律的听觉认知控制的自动检测识别应用

4.5.1 听觉认知控制的规律及模型

据研究工作所知，听觉认知控制只有几个使用听觉认知控制实验的 ERP 研究同时发现了认知控制的早期阶段和晚期阶段的成分，从而提供了很少的证据支持跨模态的听觉认知控制的"冲突探测-冲突解决"机制。Donohue 和 Liotti 在他们的听觉认知控制的研究[60]中确认了"冲突探测-冲突解决"机制。他们发现了，峰值在 300 ms 的早期 ERP 成分 (Ninc，200~500 ms)，之后是 Late-SP(Late Sustained Positivity，晚期持续的正波，从 500~800 ms)，同时，提出这两个 ERP 成分分别对应之前视觉认知控制的研究中发现的 N450 和 Late-SP。通过序列分析表明晚期阶段主要参与认知控制的适应。另外一个由 Lew 等开展的更早的研究证明了听觉认知控制干扰效应存在于感知过程 (N1 成分) 和后感知 (反应) 过程 (晚期慢波成分)[193]。遗憾的是，其他听觉认知控制的研究并没有发现完整的冲突探测-解决机制。例如，Buzzel 等的研究[194]证明了 Ninc 的幅度是由认知方式的个体差异可预见地调节，并且确认了 Ninc 指示了由听觉空间 Stroop 任务引起的听觉 Stroop 冲突。Henkin 等发现早期的 N1 效应是通过认知控制调节，然后，他们的研究中没有发现显著的 SP(持续的正波)[57]。

本研究的听觉认知控制任务中，加工不一致和一致刺激引发的 N2(290 ms 左右) 和 Late-SW(500~823 ms) 的差异在 Donohue 等的研究中已经发现。而加工不一致和一致刺激引发的 N1 所引发的差异是 Donohue 等所未观察到的，但在第 3 章的研究工作中发现。本研究工作同时发现在听觉认知控制任务中显著的 N1 和 N2，所以"冲突探测-冲突解决"机制中的冲突检测环节在听觉 Stroop 效应中的具体情况不仅由 Donohue 等发现的 Ninc(200~500 ms，大约在 N2 的位置) 体现，也由 Henkin 和 Lew 等认为的 N1 来体现两者均参与了冲突探测。N1、P2、N2 三个差异波均在额-中央区最大，而这个区域一般认为与听觉认知控制最密切相关，均与识别加工相关，前两者为知觉成分，后者为认知成分，它们可能都参与了听觉认知冲突的探测识别，并且使得冲突探测呈现出冲突感知和冲突识别两个阶段，这就解释了为什么 Henkin 和 Yael 等发现 N1 成分是冲突探测，而 Donohue 等发现 Ninc(200~500 ms) 是冲突探测。

N1 是知觉唤醒成分。Donohue 等未关注知觉唤醒成分在听觉认知控制中的作用。Henkin 和 Yael 等的听觉 Stroop 研究认为 N1 家族成分在 Stroop 效应中的作用是：作为冲突信息到达初级听觉皮层的信号参与到"冲突探测-解决机制"中。而在本实验的关注属性任务中，N1 的显著差异性 (不一致对一致) 正说明其参与了冲突探测，体现了早期知觉探测也可以进行选择性注意的调控。

P2 是知觉成分，其最大值位于顶区 (头皮后部)。在视觉认知控制的加工 (如面孔、文字等)ERP 研究中，P2 被认为是体现与视觉信息的早期语义加工有关的成分，那么可将之视为和听觉认知控制早期语义加工相关成分。

N2 是认知成分，在实验结果中稳定存在，且位于额区和中央区，说明该成分体现的偏负抑制性正是听觉认知控制效应中对干扰信息的抑制加工的关键，Donohue 等也认为正是这一成分体现了对冲突的探测。所以，该成分体现了冲突探测的识别阶段。Late-SW 是反应决策成分，分布于额区和中央区，之前 Donohue 和 Henkin 的研究一致认为该成分反映了冲突解决。所以，该成分反映了冲突解决阶段的反应决策、动作执行。

上述 Stroop 效应中发现的完整的 ERP 生物计算指标证明了听觉认知控制应该具有一个相比于"冲突探测-冲突解决"更复杂的时域过程。基于得到的 ERP 实验结果以及行为学反应时间为 700 ms 左右，所发现的混合 ERP 成分"N1-P2&N2&Late-SW"分别体现了"感知—识别—解决"的听觉认知控制的三个阶段，这三个阶段构成一个更完整的听觉认知控制过程。感知阶段 (110~140 ms)：N1 和 P2 联合体现了对当前任务早期的选择注意；识别阶段 (260~320 ms)：N2 体现了在线工作状态，以及对当前任务目标的分类识别；解

决阶段 (500~700 ms)：Late-SW 反映了对当前任务的决策、反应，并通过动作执行完成认知控制任务。同时，听觉认知冲突控制系统在三个阶段都要对任务不相关信息进行抑制。本章所提出的听觉认知控制的模型较之前提出的 "冲突探测-冲突解决" 的模型更加细化、完整，尤其是对各早期 ERP 成分 (N1, P2, N2) 在冲突探测阶段的具体功能。类似于第 3 章提出的听觉认知控制模型，本章提出完整的听觉认知控制的时域模型应包含 "感知阶段—识别阶段—解决阶段"，说明该认知控制模型具有普适性。

4.5.2 基于单次认知脑电的认知控制检测识别应用

本章提出了基于人脑听觉认知控制规律，对单次脑电数据进行听觉认知控制相关特征提取的方法，从而为实时地进行听觉认知控制的自动检测识别应用提供了方法，并且为自动的人脑听觉认知控制的评价提供了手段。通过检测识别结果可以看出，提出的方法能够有效从听觉脑电数据中识别出听觉认知控制样本。同时，该检测识别结果也说明，不用基于叠加平均原理的 ERP 方法，针对单次听觉认知控制的脑电样本所提取的平均幅度和 LZC 特征也能很好地表征听觉认知控制的每个阶段。相对于其他听觉认知控制评价的方法，本书提出的方法具有的特点如下：

（1）成本相对较低，受环境影响小；

（2）不需要叠加平均计算，可以实时地对采集的单次实验脑电数据进行检测识别；

（3）实验者在听觉脑电数据混合的情况下，也具有较高的检测识别率。

4.5.3 听觉认知控制率

与传统的检测评价方法相比，比如通过错误率的高低评价实验者的认知控制水平。错误率为实验者在一次实验会话 (session) 中，错误做出判断的实验 (trial) 次数占实验总数的比例。实验者对于不一致刺激的正确反应相对于一致刺激会降低，从而导致错误率降低。如果实验者在认知控制下降的情况下进行了正确的判断，则不能正确评价实验者认知控制能力。所以，只用行为学数据不能实时、精确地评价实验者的认知控制能力，只能做初步的定性分析。而听觉脑电数据最能准确地反映实验者每次实验的听觉认知控制状态。

根据错误率的评价方法，定义出听觉认知控制率 (Auditory Cognitive Control Rate，ACCR)：实验者在一次基于语音判断的听觉实验会话中，认知控制类型的脑电次数占实验总数的比例。该评价指标相比于错误率能够更客观地对人脑听觉认知控制能力进行评价。

4.6 本章小结

针对自动对人脑听觉认知控制检测的问题，本章提出了基于人脑听觉认知冲突时域模型的听觉认知控制特征提取的声学方法。首先，研究分析了认知控制对于人的重要性，并提出如何自动实时地对听觉认知控制进行检测的新问题。其次，设计了基于汉语语料的听觉认知控制脑电实验；根据得到的 ERP 波形、行为学数据以及统计分析结果构建了听觉认知冲突控制的时域特征模型，包括三个阶段：感知阶段、识别阶段以及解决阶段。再次，基于听觉认知控制的认知机制，提出对待识别单次实验脑电样本进行听觉认知控制相关的特征提取方法 (CFAST)。根据听觉认知控制的认知规律进行分段，并联合反映 ERP 幅值情况的平均幅度和反映时间序列出现新模式情况的非线性动力参数 LZC 提出脑电特征的方法。最后，使用优化的 SVM 进行听觉认知控制的识别，从而提出的听觉认知控制率的指标可以客观准确地对人的听觉认知控制能力进行评价。

本章提出的针对单次脑电的特征提取的声学方法可以从听觉认知脑电数据中检测识别出听觉认知控制相关脑电，从而使本章提出的听觉认知控制率的指标，可以客观准确地对人的听觉认知控制能力进行评价，具有较高的实用价值。本章的研究方法可以推广到视觉、情绪等方面的脑认知控制的检测评价上。提出的听觉认知控制时域特征模型对于复杂环境下的自动语音识别系统的改进也有借鉴意义。下一步的工作将研究听觉认知控制过程频域的认知规律，挖掘相关脑波振荡的指标。

第 5 章　基于样本特征空间分布信息的认知控制模式分类方法研究

5.1　引　言

　　Vpnik 于 1995 年首次引入经典的模式分类方法——支持向量机（SVM）。SVM 是基于统计学习理论 VC 维度和结构风险最小化原则构建。它具有良好的泛华性能，并且能够解决小样本、非线性和维数灾难等问题。SVM 已经被证明在许多应用领域是有效的分类方法，如脑电识别[211]、疾病检测[170]、故障检测[212]、语音情感识别[213] 等。在这些应用领域，在各类样本分布数量几乎相等时，SVM 通常有很好的性能。但在实际应用中，脑电样本的分类信息通常是不对称的，对于少数类别（如脑认知控制、脑部疾病等）的识别更加重要。将一个脑癫痫症患者的脑电信号错误识别为健康状态的代价高于对于健康患者的误诊。因此，聚焦于少数类别样本识别准确率的应用，不平衡分布样本的识别问题的研究具有重要意义。但是，对于不平衡样本分布，标准 SVM 的分类识别具有偏向性，导致少数类别有更高的分类错误。相关研究已经提出 SVM 针对不平衡样本分布的解决方法。

　　第一类解决偏向性问题的方法是对于训练样本进行了重采样。这种方法的主要思想就是使不平衡分布的样本转变为平衡分布的样本。① 增采样（over sampling）：增加合成样本到少数类别。Chawla 等提出 SMOTE（Synthetic Minority Over-sampling Technique）方法[214]。该方法在少数类的每个样本以及离其最近的样本之间插入合成的样本，从而增加少数类样本的数量。吴等提出通过遗传交叉运算生成新的样本，弥补不平衡样本引起的不利影响[215]。通过增采样添加的合成样本难以保证和原有样本有同样的分布信息。因此，这些方法只是增加一些重复的样本，可能会产生过拟合的情况。② 降采样（under sampling)：减少多数类样本的数量。Kubat 等提出减少多数类的噪声和冗余样本的单边选择方法[216]，从而弥补两类样本的差异。通过降采样的方法失去了样本随机性和原来有价值的信息。由于没有充分利用原有样本信息，分类超平面的方向可能发生变化。

第二类解决偏向性问题的方法是修改标准的 SVM。Veropoulos 等改进了标准的 SVM，主要通过给两类不同的惩罚因子[217]。针对标准 SVM 的样本分布不平衡的问题，Chew 等提出两类的惩罚因子反比于样本的数量，从而减少样本不平衡分布对于分类器的影响[218]。文献 [216] 提出一种新方法，通过联合加权平衡和采样平衡设置标准 SVM 的参数 C。在只有少数类的极端情况下，这个方法获得了较好的性能。这些改进方法主要是对分类参数施加影响，但是没有从根本上解决 SVM 的偏侧性问题。Liu 提出平均距离比的方法 (Method of Average Distance Ratio, MDR)[219]。虽然 MDR 改进了 SVM，但是该方法的主要的缺点是只考虑了支持向量到超平面的空间距离，没有考虑其他非支持向量样本点。

上述方法没有充分考虑所有样本的分布信息，只是依靠局部的有限样本——支持向量构造分类超平面，因此存在改进标准 SVM 的空间，分布信息能够被利用到训练过程，构造分类超平面。对于不平衡样本分布的问题，有必要改进标准的 SVM，从而提出更有效的分类方法。在样本空间考虑所有样本的空间分布信息，本章提出了基于样本空间分布信息的 SVM，从而构造出几种新的分类器。

基于平均样本欧式距离比（Mean Sample Euclidean Distance Ratio, MSEDR)，给出新分类器 MSEDR-SVM。通过几种分类器的实验对比证明了 MSEDR-SVM 的有效性。

5.2 经典模式分类方法检测认知脑电信号存在的问题

5.2.1 支持向量机模型

对于给定的（近似）线性可分样本集合，$\{(\boldsymbol{x}_i, z_i) | \boldsymbol{x}_i \in R_d, z_i \in \{-1, 1\}\}$，$i = 1, 2, \cdots, n$。SVM 的主要思想是计算获得一个到正类和负类间距最大的最优分类超平面：$\boldsymbol{w}^\mathrm{T}\boldsymbol{x} + b = 0$。线性 SVM 的超平面可以通过解决如下（式 (5.1)）软间隔二次规划问题来计算。

$$\begin{aligned}&\min_{w,b,\xi} \frac{1}{2}\|\boldsymbol{w}\|^2 + C\sum_{i=1}^{n}\xi_i \\ &\text{s.t.}\quad z_i(\boldsymbol{w}\cdot\boldsymbol{x}_i + b) \geqslant 1-\xi_i \\ &\qquad \xi_i \geqslant 0, i=1,2,\cdots,n\end{aligned} \tag{5.1}$$

其中，C 是惩罚因子，表示分类间距宽度和训练数据错误之间的平衡，用于平衡两类样本的最大间距和不可分样本的数量。ξ_i 是松弛变量，近似可分问题可以通过松弛因子解决。

对于非线性问题，可以通过非线性映射函数 $\phi(\boldsymbol{x}_i)$ 使样本从低维度的输入空间映射到高维度的特征空间，从而使训练样本可分或近似可分，在高维空间解决式 (5.2) 的问题。为了避免空间变换引起的维数增加的问题，直接在低维空间使用满足 Mercer 条件的核函数（$K(\boldsymbol{x}_i,\boldsymbol{x}_j) = \phi(\boldsymbol{x}_i)\cdot\phi(\boldsymbol{x}_j)$）计算出在高维空间的结果。

$$\begin{aligned}&\min_{w,b,\xi} \frac{1}{2}\|\boldsymbol{w}\|^2 + C\sum_{i=1}^{n}\xi_i \\ &\text{s.t.}\quad z_i(\boldsymbol{w}\cdot\phi(\boldsymbol{x}_i) + b) \geqslant 1-\xi_i \\ &\qquad \xi_i \geqslant 0, i=1,2,\cdots,n\end{aligned} \tag{5.2}$$

上述问题可转化为式 (5.3)Wolfe 对偶问题来解决。

$$\begin{aligned}&\min_{\alpha} \frac{1}{2}\sum_{i=1}^{n}\sum_{j=1}^{n}z_i z_j \boldsymbol{\alpha}_i \boldsymbol{\alpha}_j k(\boldsymbol{x}_i\cdot\boldsymbol{x}_j) - \sum_{j=1}^{n}\boldsymbol{\alpha}_i \\ &\text{s.t.}\quad \sum_{i=1}^{n} z_i \boldsymbol{\alpha}_i = 0 \\ &\qquad 0 \leqslant \boldsymbol{\alpha}_i \leqslant C, i=1,2,\cdots,n\end{aligned} \tag{5.3}$$

其中，拉格朗日乘子 $\boldsymbol{\alpha}_i$ 可以由上述凸最优化问题解决，分类超平面的法向量可以由式 (5.4) 计算。

$$\boldsymbol{w}^* = \sum_{i=1}^{n}\boldsymbol{\alpha}_i^* z_i \phi(\boldsymbol{x}_i) \tag{5.4}$$

偏置 b 可通过式 (5.5) 由样本及对应的拉格朗日乘子 $\alpha_i(0<\alpha_i<C)$ 获得。

$$b^* = z_j - \sum_{i=1}^{n}\boldsymbol{\alpha}_i^* z_i K(\boldsymbol{x}_j,\boldsymbol{x}_i) \tag{5.5}$$

由此，可获得 SVM 的分类函数如下所示。

$$f(\boldsymbol{x}) = \operatorname{sgn}\Big(\sum_{i=1}^{n} \boldsymbol{\alpha}_i^* z_i k(\boldsymbol{x}_i, \boldsymbol{x}) + b^*\Big) \tag{5.6}$$

从分类函数式 (5.6) 可以看出，只有对应的拉格朗日乘子非 0 的样本才对分类函数起作用。多数样本的拉格朗日乘子为 0，因此，SVM 只依赖于少数样本来构建分类超平面。

5.2.2 SVM 的倾向性问题

根据样本点在解决凸最优化问题中的不同作用，它们可以被分为三种类型。

第一类是内点（Inner point）（$\alpha_i = 0$），如图 5.1 所示。内点能够被分类正确，从这些样本点到超平面的距离大于 $1/\|\boldsymbol{w}\|$。内点对应的拉格朗日乘子等于 0 ($\alpha_i = 0$)。

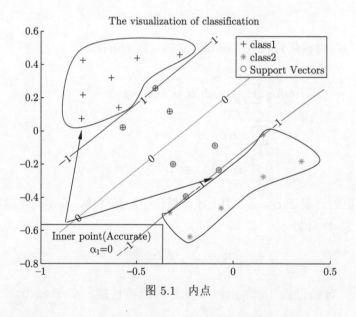

图 5.1 内点

第二类样本点称为标准支持向量（Standard Support Vector，SSV），如图 5.2 所示。标准支持向量能够被分类正确，距离分类超平面较近，直接影响分类超平面的位置。从这些样本点到超平面的距离等于 $1/\|\boldsymbol{w}\|$。内点对应的

拉格朗日乘子介于 0 和 C 之间 $(0 < \alpha_i < C)$。

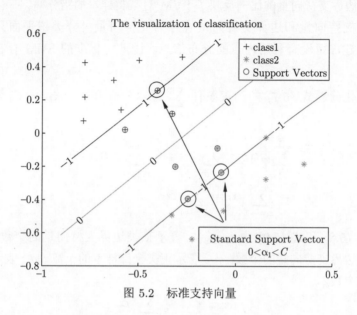

图 5.2 标准支持向量

第三类样本点称为边界支持向量（Boundary Support Vector，BSV），如图 5.3所示，他们位于分类超平面和边界面之间。从这些样本点到超平面的距离小于 $1/\|\boldsymbol{w}\|$。内点对应的拉格朗日乘子等于 $C(\alpha_i = C)$。如果软间隔 SVM

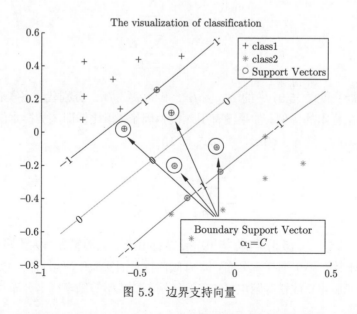

图 5.3 边界支持向量

分类器没有引入松弛因子，它们不能被正确分类。事实上，它们是被错误标识的样本。边界支持向量的比例反映了 SVM 对某类样本的错分率。

标准支持向量和边界支持向量统称为支持向量。分类超平面只依赖支持向量构建，而没有利用内点的分布信息。因此，标准的 SVM 存在以下的问题。

由优化问题式 (5.7) 的约束条件 $\sum_{i=1}^{n} z_i \alpha_i = 0$ 和 $0 < \alpha_i < C$ 可以获得式 (5.7)。

$$\sum_{i=1}^{n} z_i \alpha_i = \sum_{z_i=+1} z_i \alpha_i + \sum_{z_i=-1} z_i \alpha_i = 0 \\ \Rightarrow \sum_{z_i=+1} \alpha_i = \sum_{z_i=-1} \alpha_i \tag{5.7}$$

在式 (5.8) 和式 (5.9) 中，$n_{\text{BSV}+}$ 表示正类边界支持向量的个数，$n_{\text{BSV}-}$ 表示负类边界支持向量的个数；n_+ 表示正类全部样本的个数，n_- 表示负类全部样本的个数。

$$n_{\text{BSV}+} \times C \leqslant \sum_{z_i=+1} \alpha_i \\ \Rightarrow \frac{n_{\text{BSV}+}}{n_+} \leqslant \frac{\sum_{z_i=+1} \alpha_i}{C \times n_+} \tag{5.8}$$

$$n_{\text{BSV}-} \times C \leqslant \sum_{z_i=-1} \alpha_i \\ \Rightarrow \frac{n_{\text{BSV}-}}{n_-} \leqslant \frac{\sum_{z_i=-1} \alpha_i}{C \times n_-} \tag{5.9}$$

式 (5.8) 和式 (5.9) 中的 $n_{\text{BSV}+}/n_+$ 和 $n_{\text{BSV}-}/n_-$ 分别代表各类的边界支持向量占总样本的比例。如果没有引入松弛因子，该比例即该类样本的错分率。

由式 (5.7) 和 $n_+ < n_-$，可知式 (5.10)。

$$\frac{\sum_{z_i=+1} \alpha_i}{C \times n_+} > \frac{\sum_{z_i=-1} \alpha_i}{C \times n_-} \tag{5.10}$$

由式 (5.8)、式 (5.9) 和式 (5.10) 可以看出少数类的错分率大于多数类，标准的 SVM 针对不平衡样本分布，具有倾向性。而实验中采集得到的脑电样本，相比于静息脑电、放松等脑电样本，认知控制、情感等脑电样本分布相对集中、数量也较少，所以 SVM 在进行认知控制脑电样本识别时，也存在不平衡样本分布，从而导致标准 SVM 检测识别时发生倾向性问题。

5.3 基于样本特征空间分布信息的新分类器

5.3.1 基于支持向量的欧氏平方距离及样本数量分布信息的分类器

基于样本在欧氏空间的分布信息 (空间分布距离和分布数量)，首先提出平均支持向量欧氏平方距离比（Mean Support Vector Distance Ratio，MSDR）方法。式 (5.11)、式 (5.12) 分别表示所有正类/负类的支持向量到超平面的平均平方距离。

$$d_+ = \frac{1}{n_{sv+}} \sum_{i=1}^{n_{sv+}} (\boldsymbol{W}^{*\mathrm{T}}\varphi(\boldsymbol{x}_i) + b)^2 \quad (5.11)$$

$$d_- = \frac{1}{n_{sv-}} \sum_{i=1}^{n_{sv-}} (\boldsymbol{w}^{*\mathrm{T}}\varphi(\boldsymbol{x}_i) + b)^2 \quad (5.12)$$

为了使正类有更高的识别率，每类样本点到超平面的平均平方距离反比于每类样本点的个数，如式 (5.13) 所示。

$$\frac{d_+}{d_-} = \frac{n_-}{n_+}, \ n_+ < n_- \quad (5.13)$$

结合式 (5.11)、式 (5.12) 和式 (5.13) 可以获得关于偏置的一元二次方程，计算获得两根 b_1 和 b_2。新的偏置可由式 (5.14) 计算获得，式中 b_0 是标准 SVM 的偏置。

$$b^* = (|b_0 - b_1| > |b_0 - b_2|) * b_2 + (|b_0 - b_1| < |b_0 - b_2|) * b_1 \quad (5.14)$$

基于新的偏置的计算方法，提出 MSDR-SVM 分类器，移动了分类超平面的位置。

5.3.2 基于支持向量的欧氏距离及样本数量分布信息的分类器

为了更好地表征样本点到超平面的距离和空间分布信息，使用欧氏距离代替平方距离。平均欧氏距离比 (Mean Euclidean Distance Ratio，MEDR) 方法如下。式 (5.15)、式 (5.16) 分别表示所有正类/负类的支持向量到超平面的平均欧氏距离。

$$d_+ = \frac{1}{n_{sv+}} \sum_{i=1}^{n_{sv+}} \frac{|\boldsymbol{w}^{*\mathrm{T}}\varphi(\boldsymbol{x_i}) + b|}{\|\boldsymbol{w}^{*\mathrm{T}}\|} \tag{5.15}$$

$$d_- = \frac{1}{n_{sv-}} \sum_{i=1}^{n_{sv-}} \frac{|\boldsymbol{w}^{*\mathrm{T}}\varphi(\boldsymbol{x_i}) + b|}{\|\boldsymbol{W}^{*\mathrm{T}}\|} \tag{5.16}$$

结合式 (5.13)、式 (5.15) 和式 (5.16)，如式 (5.17) 所示。

$$b^* = -\frac{n_+ n_{sv-}\sum_{i=1}^{n_{sv+}} \boldsymbol{w}^{*\mathrm{T}}\Phi(\boldsymbol{x_i}) + n_- n_{sv+}\sum_{i=1}^{n_{sv-}} \boldsymbol{w}^{*\mathrm{T}}\Phi(\boldsymbol{x_i})}{n_+ n_{sv-} n_{sv+} + n_- n_{sv+} n_{sv-}} \tag{5.17}$$

$$\boldsymbol{w}^{*\mathrm{T}}\Phi(\boldsymbol{x_i}) = \sum_{j=1}^{n} z_j \alpha_j^* K(\boldsymbol{x_j}, \boldsymbol{x_i})$$

基于新的偏置，提出 MEDR-SVM 分类器，移动了分类超平面的位置。

5.3.3 基于全部样本的欧氏距离及样本数量分布信息的分类器

基于两个改进方法，提出 MSEDR 方法。MSEDR 考虑到了所有样本点的空间分布信息，而不仅是支持向量的分布信息。基于 MSEDR，构建了新分类器 MSEDR-SVM，实现算法描述如算法 5.1 所示。

算法 5.1 MSEDR-SVM

Input: 两类给定的训练样本集合；

Output: 模式分类函数；
1: 对两类给定的训练样本集合 $\{(\boldsymbol{x_i}, z_i)|\boldsymbol{x_i} \in R_d, z_i \in \{-1, 1\}\}$, $i=1,2,\cdots,n$，选择一个合适的惩罚因子；
2: 拉格朗日乘子可以通过凸二次最优化问题式 (5.3) 解决；
3: 分类超平面的法向量可以用式 (5.4) 计算获得；
4: 按式 (5.18) 和式 (5.19) 分别计算所有正类/负类的所有样本点到分类超平面的欧氏距离；
5: 使式 (5.18) 和式 (5.19) 计算得到的两类样本的平均欧氏距离反比于每类样本的大小，结合式 (5.13)，计算得到新的偏置如式 (5.20) 所示；
6: 样本基于下面的决策函数 (式 (5.21)) 进行识别。

$$d_+ = \frac{1}{n_+} \sum_{i=1}^{n_+} |\boldsymbol{w}^{*\mathrm{T}}\Phi(\boldsymbol{x_i}) + b| \tag{5.18}$$

$$d_- = \frac{1}{n_-}\sum_{i=1}^{n_-}|w^*\Phi(x_i)+b| \tag{5.19}$$

$$b^{*'} = -\frac{\sum_{i=1}^{n_+}w^{*T}\Phi(x_i)+\sum_{i=1}^{n_-}w^{*T}\Phi(x_i)}{n_++n_-}, \tag{5.20}$$

$$w^{*T}\Phi(x_i) = \left[\sum_{j=1}^{n}z_j\alpha_j^*\Phi(x_j)\right]\cdot\Phi(x_i) = \sum_{j=1}^{n}z_j\alpha_j^*K(x_j,x_i)$$

$$f(x) = \mathrm{sgn}\left(\sum_{i=1}^{n}\alpha_i^*z_ik(x_i,x)+b^{*'}\right) \tag{5.21}$$

5.4 实验结果及分析

5.4.1 公开数据集

为了更准确地评估分类器在不平衡样本分布下的性能，除了使用准确率(式 (5.22)) 进行评判，还使用指标 F-value(式 (5.25)) 进行评判。F-value 能够评价分类器对于少数类的识别情况。

$$Accuracy = \frac{(TP+TN)}{(TP+TN+FP+FN)} \tag{5.22}$$

$$precision = \frac{TP}{TP+FP} \tag{5.23}$$

$$recall = \frac{TP}{TP+FN} \tag{5.24}$$

$$F\text{-}value = \frac{(1+\beta^2)\times Recall \times Precision}{\beta^2\times Precision+Recall} \tag{5.25}$$

其中，TP 为正确地识别为正类的样本数，FP 为错误地识别为正类的样本数，FN 为错误地识别为负类的样本数，TN 正确地识别为负类的样本数。式 (5.25) 中参数 β 的取值为 1。

实验通过不平衡分布的样本评估新分类器的性能。在 UCI 数据集上比较 C-SVM, MDR, MSDR-SVM, MEDR-SVM, MSEDR-SVM 的性能。

选取 9 个样本分布不平衡的测试数据：Data set Pima Indians Diabetes,

Breast Cancer Wisconsin, German Credit, Liver Disorders, Vertebral Column。如果数据集多于两类，我们选择一类作为少数类，其余作为多数类。表 5.1 给出了 UCI 数据集的详细信息。

表 5.1 UCI 数据集的详细信息

UCI 数据集	样本数	属性数	正类:负类	少数类比率/%
Pima Indians Diabetes	768	8	1:0	34.90
Breast Cancer Wisconsin	569	32	2:1	37.30
German Credit	500	24	1:−1	30.20
Liver Disorders	345	7	1:2	42.03
Vertebral Column	110	6	AB:NO	9.09
Glass Identification	214	10	2:rest	35.5
Iris	150	4	1:rest	33.33
Red Wine Quality	1599	12	3:rest	6.30
Breast Tissue	106	10	car:rest	19.81

C-SVM 采用 LibSVM 实现。采用径向基函数 (式 (5.26)) 作为核函数，g 取值为 1，C 惩罚因子取值为 10。

$$e^{(-g\|x-x'\|^2)} \tag{5.26}$$

每种分类器在每个测试数据集合上进行 100 次迭代实验。每次实验过程，每个测试数据集合随机选择 70% 作为训练数据，30% 作为检测数据。将测试数据进行正规化，统一样本的统计分布，可以加速收敛速度。实验结果为每种分类器在测试数据上进行 100 次实验的平均结果。表 5.2 给出每种分类器的分类结果（AR：检测数据的识别准确率；F-Value：少数类的 F-Value）。

从表 5.2 和表 5.3 可以看出，C-SVM, MSDR-SVM, MEDR-SVM, MSEDR-SVM 的准确率和 F-Value 基本都高于 MDR。表明使用式 (5.14)、式 (5.17) 和式 (5.20) 计算偏置优于 MDR 计算偏置的方法。与 C-SVM 和 MSEDR-SVM 相比，MSDR-SVM 在数据集 Vertebral Column, Iris 和 Breast Tissue 分类性能较差，同时，MEDR-SVM 在数据集 Breast Cancer Wisconsin 和 German Credit 分类性能较差。另外，在数据集 Iris 上，MSEDR-SVM 和 C-SVM 有同样为 1 的 F-Value，表明所有少数类样本都分类正确。在其他数据集上，MSEDR-SVM 的 F-Value 高于 C-SVM，分类准确率和 C-SVM 相当。综上，

表 5.2　每种分类器的识别准确率结果

UCI	AR/%				
	C-SVM	MDR	MSDR-SVM	MEDR-SVM	MSEDR-SVM
Pima Indians Diabetes	74.60	51.51	66.57	74.17	74.31
Breast Cancer Wisconsin	95.53	82.09	96.58	82.09	96.58
German Credit	69.40	29.67	63.86	29.67	63.86
Liver Disorders	70.19	70.56	68.79	70.56	68.79
Vertebral Column	98.82	67.79	69.91	90.36	96.52
Glass Identification	75.36	66.53	71.17	75.45	73.53
Iris	100	33.53	84.27	100	100
Red Wine Quality	99.24	99.31	95.53	99.30	95.53
Breast Tissue	92.00	60.16	81.25	91.97	91.36

AR: 测试集上少数类的识别准确率（Accuracy rate）。

表 5.3　每种分类器的 F-value 结果

UCI	F-Value				
	C-SVM	MDR	MSDR-SVM	MEDR-SVM	MSEDR-SVM
Pima Indians Diabetes	0.604	0.477	0.550	0.628	0.615
Breast Cancer Wisconsin	0.964	0.834	0.973	0.834	0.973
German Credit	0.890	1	1	1	1
Liver Disorders	0.622	0.599	0.624	0.599	0.624
Vertebral Column	0.673	0.377	0.555	0.631	0.741
Glass Identification	0.631	0.104	0.422	0.627	0.662
Iris	1	0.499	0.88	1	1
Red Wine Quality	0	0	0.102	0	0.102
Breast Tissue	0.773	0.490	0.723	0.798	0.798

在 UCI 数据集上的实验结果表明 MSEDR-SVM 不仅保证了分类准确率，而且提高了少数类的 F-Value。

5.4.2　认知控制脑电数据集实验结果

第 4 章的识别方法是针对一致和不一致脑电样本分布数量相等的情况下进行的，而现实中针对冲突信息进行认知控制的脑电信号要少于其他脑电信号,如注意脑电信号、静息脑电信号等。所以为了较好地检测识别认知控制脑电信号,应该改进标准的 SVM 识别算法,所以采用本章提出的几个新算法进行实验。

为了增加脑电实验样本,设计了新的认知脑电采集实验。实验者还是第 4 章参加听觉认知控制的 11 名大学生。实验过程不同的是,增加了要求实验者根据所听到的语音材料语义(即"大声"还是"小声")做出判断。实验在实验者调整准备完毕后自行按↑键开始,在屏幕显示提示语"请根据声音的词义判断是大声还是小声,大声请按↑,小声请按↓",随机播放 4 种语料,每种所占比率均等,各 10 次,共 40 个。每个刺激呈现时间为 800 ms,两个刺激播放开始的间隔为 3300 ms,语料音量均在 60 dB 以下人耳接听声音舒适音量范围内,要求实验者在实验中尽量快地做出判断。实验过程中屏幕中央显示的符号"+"可以帮助实验者集中注意力。由于语料的语义加工对于人脑来说是自动加工,而此实验任务要求判断语音材料的语义,所以实验者只需要集中注意,而不需要认知冲突控制(或者较低的认知冲突控制),就可以完成实验任务。

通过语音属性判断实验和语音语义判断实验,共采集了 880 个脑电样本,其中有 220 个认知冲突控制脑电样本,660 个非认知冲突控制脑电样本。脑电样本的特征提取方法采用第 4 章提出的脑电认知控制特征提取方法,详细的方法和实验过程可以参见第 4 章。实验结果如表 5.4 和表 5.5 所示。

表 5.4 每种分类器的认知控制脑电识别准确率结果

Feature	AR/%				
	C-SVM	MDR	MSDR-SVM	MEDR-SVM	MSEDR-SVM
Average	72.1	67.2	74.2	73.2	76.8
LZC	66.2	63.2	67.3	69.2	70.1
Average + LZC	75.2	74.2	80.7	82.3	86.8

表 5.5 每种分类器的认知控制脑电识别的 F-Value 结果

Feature	F-Value				
	C-SVM	MDR	MSDR-SVM	MEDR-SVM	MSEDR-SVM
Average	0.67	0.63	0.70	0.72	0.74
LZC	0.61	0.58	0.63	0.65	0.66
Average + LZC	0.73	0.71	0.76	0.77	0.79

从实验结果可以看出，本文提出的三个方法 MSDR-SVM、MEDR-SVM、MSEDR-SVM 在对认知冲突控制脑电的识别率和 F-Value 指标上，均优于标准的支持向量机方法 C-SVM 和之前改进的方法 MDR。其中，MSEDR-SVM 获得了最高的识别率和 F-Value 指标，证明了其在认知控制脑电识别上具有较好的性能。

5.5 本章小结

针对 SVM 在处理样本不平衡分布时会有偏向性，使少数类别的分类错误率的上界高于多数样本类别。本章提出了基于空间分布信息 SVM 的认知控制模式分类方法。首先，研究分析了 SVM 针对不平衡样本进行分类识别时存在有偏向性问题的原因。其次，考虑全局样本的分布信息，提出了三种针对所有样本空间分布距离信息的方法。在 UCI 数据集上分别进行实验，结果证明 MSEDR-SVM 能够有效增加少数样本类别的 F-Value。再次，在认知控制脑电样本上进行的实验证明了本章提出的三种方法在识别率和 F-Value 两项指标均优于 C-SVM，同时，MSEDR-SVM 获得了最优的识别结果。本章提出的方法改善了标准的 SVM 只依靠支持向量样本构建分类超平面的局限性，为认知控制脑电的检查识别提供了新的模式分类方法，有效地提高了认知控制脑电样本的识别准确率。

不平衡认知控制脑电样本分布的信息还包括样本分布的离散程度、分布趋势等，下一步研究工作将研究这些情况。

第 6 章 总　　结

本书首次提出人脑认知控制计算及其检测识别的问题，从认知控制研究的总体方案、非注意状态下认知控制的相关计算指标、注意状态下认知控制的计算指标、认知控制相关的特征提取方法以及对其进行识别的模式分类方法五方面逐步开展了工作，取得了一些创新性成果，可以总结为以下五方面：

（1）提出了人脑认知控制计算指标及其检测识别方法的整体研究工作框架，综述了人脑认知控制的相关研究工作。

提出了人脑认知控制计算及检测的新的研究问题。本书系统地建立了人脑认知控制计算指标及其检测识别方法的整体研究工作框架。从认知控制实验范式类别、认知控制计算指标、人脑认知控制机制和模型以及实时认知控制检测识别方法四方面剖析了现有研究面临的问题。

（2）提出了一组人脑非注意状态下的情感信息认知控制的计算指标及相应的工作机制，可用于解决人脑非注意状态下情感信息认知控制的评测问题。

建立了 UAEI 的认知控制实验范式，采集实验者的认知脑电数据。UAEI 的认知控制检测的计算指标研究方法。建立了人脑认知控制系统在非注意情况下加工情感干扰信息的完整的 UAEI-ERD 计算指标以及工作机制。研究结果强调了各脑波振荡相关的 UAEI-ERD 计算指标可以在人脑非注意认知控制条件下对周围面孔表情进行自动处理。人脑认知控制系统在非注意情况下加工情感信息的完整的工作机制如下：δ 振荡和 θ 振荡主要用于更新周围面孔表情信息并区别刺激的类型（标准刺激和偏差刺激）；$\alpha1$ 振荡主要表征认知控制系统完成当前的任务，而 $\alpha2$ 振荡反映了对于周围面孔表情中的情感相关的语义信息进行提取；$\beta1$ 和 $\beta2$ 通过 alpha2 振荡获得的工作记忆相关的情感语义信息分别加工识别高兴表情和悲伤表情。其中，$\beta1H_{\text{UAEI-ERD}}$（UAEI-ERD of $\beta1$ for happy expression）与高兴表情加工有关，而 $\beta2S_{\text{UAEI-ERD}}$（UAEI-ERD of $\beta2$ for sad expression）与悲伤表情加工有关。从而，首次发现了整个 β 频段能够在非注意认知控制条件下对面孔表情进行识别。计算指标 $\beta 1H_{\text{UAEI-ERD}}$ 和 $\beta 2S_{\text{UAEI-ERD}}$ 可以更准确地检测人脑对 UAEI 的认知控制情况。

(3) 提出了一种注意状态下听觉冲突信息认知控制前执行阶段的计算指标及三阶段听觉认知控制模型，完善了听觉认知控制的评测方法。提出了 AACI 的认知控制检测的计算指标研究方法。设计注意条件下听觉冲突信息认知控制的实验平台。提出了针对注意认知控制条件下人脑加工冲突语音信息所获得的脑电数据的处理及分析方法，并计算获得相关指标。提出了 AACI 认知控制相关指标的计算方法。实验结果发现一系列显著的 AACI-ERP 指标揭示了一致和不一致实验条件下认知控制的差异：不一致实验相对于一致实验，在额-中央区有两个减少的负波（N1 和 N2）和三个减少的正波（P1、P2 和 P3）。这个发现证明了听觉通道相关的 AACI 认知控制指标：SCI($\Delta AE1$, $\Delta AEN1$, $\Delta AEP2$)、ICI($\Delta AEN2$, $\Delta AEP3$)、ECI($\Delta AELate\text{-}SW1$, $\Delta AELate\text{-}SW2$))的有效性。相比于之前的研究，在复杂的前执行阶段存在一个更精细的冲突监控和冲突探测过程。综上，本书首次建立了听觉认知控制模型，即 AACI 的三阶段认知控制模型。这个模型表明在听觉认知任务中，一个更完整的认知控制过程包括感知阶段（AACI 探测），确认阶段（AACI 分类/抑制），执行阶段（AACI 解决）。本书提出的 AACI 相关的计算指标可以用于评测人脑听觉认知控制情况，同时，提出的听觉认知控制时域特征模型对于复杂环境下的自动语音识别系统的改进也有借鉴意义。

(4) 提出了一种基于单次实验脑电信号的认知控制特征的提取方法，有效地提升了实时评测人脑认知控制能力。

提出了认知控制及认知控制缺失症的检测识别的新的研究问题。提出基于语音认知冲突下的认知控制的规律下的单次实验脑电数据特征取方法。根据 AACI 相关的计算指标及三阶段认知控制模型，单次实验脑电样本被分成三部分。被分割的每个阶段使用时域上的平均幅值和 Lempel-Ziv 复杂度 (LZC) 进行计算，从而联合三个阶段的特征作为听觉认知脑电样本的特征 (CFAST)。最后，通过实验证明了针对单次听觉认知控制脑电样本的特征提取方法，联合使用平均幅度和 LZC 可以获得最好的识别率 (99.33%)。提出的方法能够有效地检测听觉认知控制脑电数据，进而提供人脑认知控制能力评价的检测识别方法。通过本书提出的听觉认知控制率的指标可以客观准确地对人的听觉认知控制能力进行评价，具有较高地实用价值。本书的研究方法可以推广到视觉、情绪等方面的脑认知控制的检测评价上。

（5）提出了一种基于样本特征空间分布信息的支持向量机模式分类方法，有效地提高了认知控制脑电样本的识别准确率。

该方法主要是使少数类样本点到超平面的距离大于多数类，降低少数类的错分类的上界，充分利用样本的空间分布距离信息，没有增加或减少样本点。在公共数据集和认知控制脑电数据集的实验结果表明了三种提出的方法中，MSEDR-SVM（Mean Sample Euclidean Distance Ratio-SVM）方法在处理不平衡样本分布时是最有效的，可以有效检测识别认知控制脑电，从而为认知控制的实时检测提供模式分类方法。本书提出的方法改善了标准的 SVM 只依靠支持向量样本构建分类超平面的局限性，为认知控制脑电的检查识别提供了新的模式分类方法。

以上的研究取得了阶段性成果，为了对人脑认知控制计算指标及其检测识别方法的进行更深入的研究，未来的研究工作包括以下方面。

（1）综合型人脑认知控制实验平台设计问题，该实验平台能综合评测人脑认知控制的多方面认知控制功能（如选择注意、抑制控制、在线保持、注意等），突破单一通道、单一刺激形态的认知控制实验平台研究的局限性。其中的难点是视听混合、空间认知控制实验任务的设计。

（2）建立多通道认知控制的共性计算指标方法及认知规律的问题，建立视觉、听觉、视听觉混合以及空间认知控制的生物计算指标（时域指标、频域指标等），研究发现多通道进行认知控制共性的计算指标，探索认知控制普适的认知规律。

（3）单次实验脑电样本的认知控制特征提取问题，基于多通道认知控制的共性计算指标及认知规律，提出针对认知控制脑电的信号处理方法从一次认知控制实验任务中提取单次实验脑电与认知控制相关的特征。

参 考 文 献

短文を書く